Casar sem frescura

Claudia Matarazzo

Casar sem frescura

Planeta

Preparação: Dyda Bessana
Revisão: Vivian Miwa Matsushita e Gabriela Ghetti
Projeto gráfico e diagramação: Balão Editorial
Ilustrações: Julia Flohr
Imagem de capa: © Nerida McMurray/GettyImages
Capa: Compãnía

CIP-BRASIL. CATALOGAÇÃO NA PUBLICAÇÃO
SINDICATO NACIONAL DOS EDITORES DE LIVROS, RJ

M376c

Matarazzo, Claudia, 1958-
Casar sem frescura / Cláudia Matarazzo; ilustração Julia Flohr.
– 1. ed. – São Paulo: Planeta, 2015.
il.

ISBN 978-85-422-0517-6

1. Etiqueta. I. Flohr, Julia. II. Título.

15-21108 CDD: 395
CDU: 395

2015
Todos os direitos desta edição reservados à
Editora Planeta do Brasil Ltda.
Rua Padre João Manoel, 100 - 21º andar
Edifício Horsa II - Cerqueira César
01411-000 — São Paulo — SP
www.planetadelivros.com.br
atendimento@editoraplaneta.com.br

Para Fernando Raul e Valentina

SUMÁRIO

NOTA DA AUTORA

Brasil afora

O primeiro livro sobre casamentos que escrevi foi o *Case e arrase*, ilustrado pelo genial Patrício Bisso e hoje fora de catálogo. Foi há dezoito anos e eu estava grávida de minha filha Valentina.

Escrevia embalada pelas lembranças de lindos casamentos que frequentara durante toda a vida. Então era fácil dar dicas de como fazer uma festa e orientar quanto ao andamento da cerimônia.

Meu próprio casamento fora organizado de forma caseira na casa de meus pais, o bolo foi feito pela cozinheira da família e eu mesma ajudei a enfeitá-lo na véspera.

Hoje, 26 anos depois dessa festa, me dou conta do quanto, de lá para cá, festas e cerimônias mudaram! Mudou o tamanho, a concepção, o objetivo, o número de convidados e também – infelizmente – o número de complicadores.

Na mesma proporção que surgiram ferramentas incríveis que nos ajudam a economizar tempo e facilitam a logística, não há mais limite para o que noivos, famílias e os próprios profissionais de eventos consideram "essencial" em um casamento.

Como tudo na vida, o ponto ideal é o equilíbrio e, se, por um lado, nos encanta a possibilidade de um casamento com um toque de espetáculo e pitadas de teatralidade, por outro, não podemos perder de vista que é uma comemoração íntima, familiar e religiosa. Ou pelo menos deveria ser assim. O grande desafio é conseguir tudo isso em um orçamento possível e atendendo o sonho de cada casal.

A indústria e o mercado de casamentos no Brasil cresceram muitíssimo e estamos na vanguarda no que diz respeito à criatividade, a soluções e à rapidez para resolver imprevistos. Nossos cerimonialistas de casamento são verdadeiros magos, incansáveis em suas missões casamenteiras e, fazendo palestras sobre etiqueta pelo Brasil, conheci, em feiras de casamento e congressos de cerimonial, inúmeros deles – e sempre, sempre mesmo me surpreendia com o arsenal de soluções e histórias mirabolantes que contavam.

Daí nasceu a ideia do *Casar sem frescura*: era preciso contar ao Brasil – que é tão vasto e variado – como são feitos os casamentos em todas as suas regiões. Pois os costumes variam e, muitas vezes, me vi em apuros, orientando que se fizesse algo de determinada forma quando ali o costume era completamente diferente.

Foi assim que conheci Alódia Guimarães, em uma feira de noivas em Fortaleza, Ceará. Quando disse que o ideal e mais elegante era que os noivos escolhessem apenas um casal de padrinhos, ela levantou a mão e disse:

"Isso aqui não vai prestar!", afirmou a uma Claudia perplexa. Em seguida explicou que, no Nordeste, o costume são nada menos do que vinte casais...

Nunca me esqueci, e naquele momento surgiu a ideia de contar a experiência de profissionais de todo o país para que os noivos e suas famílias entendessem que uma festa de casamento não é um evento tão engessado ou rigoroso que não possa ser adaptado – desde que com bom senso e conhecimento dos rituais religiosos.

Os dez especialistas em casamento apresentados aqui são apenas uma amostra do potencial de talentos que temos espalhado por todo nosso imenso país. Mas são, sem dúvida, emblemáticos por sua ousadia, coragem e trajetória profissional.

Em tempo: cerimonialistas de casamento são profissionais qualificados e não – como se via até pouco tempo atrás – amigas bem-intencionadas, ou "assessoras" das noivas e/ou noivos que se outorgavam um *status* de especialistas que, definitivamente, exige mais do que boa vontade e bom gosto.

Que o diga Vera Simão – a pioneira do conceito de festas e casamentos impecáveis. Vera foi a criadora da feira "Casar" – hoje com filhotes e desdobramentos por todo o país e, sempre pensando na frente, fundou e presidiu por dois mandatos a Associação para Profissionais, Serviços para Casamentos e Eventos Sociais (Abrafesta).

Vera é uma batalhadora incansável da profissionalização, qualidade e seriedade das relações entre fornecedores e clientes do mercado de eventos. Sua contribuição para o mercado e para todos que hoje trabalham com eventos é tão essencial quanto... os próprios noivos para que um casamento aconteça.

Sob sua orientação foi criado pela Abrafesta o *Manual de boas práticas* – que todo profissional deveria ter como cartilha, uma vez que é o caminho das pedras para um evento bem-sucedido.

No mais, espero que este livro ajude você não apenas na organização de seu casamento, mas também a sonhar – de preferência de forma serena e leve, que é como devem ser os sonhos. Daí para realizá-los, fica muito mais fácil!

Um grande beijo,

Claudia Matarazzo

O que mudou e como ficou

As transformações fazem parte da vida. E é preciso ficar atento a algumas mudanças ou novidades nos costumes que podem ser apenas modismos que surgem e, quando passam, parecem até ridículos.

Outras se consolidam por serem compatíveis com o momento e vão sendo trabalhadas e até melhoradas. Isso acontece em todos os aspectos da vida cotidiana e também com o ritual e a comemoração do casamento.

A questão é que nem sempre a novidade funciona apenas por ser novidade. É preciso questionar – e principalmente analisar – se aquilo se adequa ao que somos e ao que desejamos.

A maior parte das mudanças que testemunhei nesses anos todos é até interessante. O que atrapalha é a falta de critério ao implantá-las – o que muitas vezes leva a situações sem pé nem cabeça.

A seguir veja a lista de como foram sendo modificados alguns dos rituais da cerimônia e festa de casamento no Brasil. E avalie com cuidado se quer aderir a elas e por quê. Em se tratando de seu casamento, o que vale no fim das contas é sentir-se bem, claro, desde que se saiba exatamente o que estamos protagonizando.

Hoje é chique ser brasileiro! Uma das principais mudanças ocorridas no mercado de casamentos foi conceitual: o Brasil agora é *cult*. Aos poucos estamos perdendo aquele nosso complexo colonial que nos fazia imitar tudo o que era de fora e, pior, achar que era melhor do que o daqui.

Os cardápios hoje são cheios de nossos riquíssimos e exóticos ingredientes que agregam sabores e aromas preciosos a qualquer receita.

Elementos brasileiros de arte e artesanato são usados sem pudor na decoração, criando ambientes com a nossa cara (e mais autênticos), quando antes abusava-se do dourado *fake* em madeiras trabalhadas rococó imitando antigas molduras europeias...

Dependendo da região é possível usar de cerâmica a capim dourado ou motivos indígenas nas estampas e nos detalhes de decoração sem medo de ser feliz. Ainda bem. Era hora de assumirmos nossa identidade – e, se você ainda não percebeu isso, experimente pesquisar antes de embarcar na compra da imitação de renda francesa sugerida por alguma alma pouco informada. Veja as nossas do Nordeste, de bilro, e maravilhe-se com o que temos.

Hoje os noivos decidem (quase) tudo – Se antes a noiva e sua mãe se encarregavam de todos os detalhes considerados "femininos", escanteando o noivo e demais homens da família das decisões, hoje os casais comparecem juntos não só ao primeiro, mas também aos demais encontros com os fornecedores e acompanham de perto os detalhes do andamento de todo o processo. A média de idade dos casais aumentou consideravelmente e muitos começam a vida financeira independentemente dos pais, assumindo assim as despesas da festa. Daí também se envolverem muito mais em todas essas etapas.

Hoje os noivos participam muito! – É isso aí. Alguns até fazem questão de preparar surpresas e agendam reuniões separadas ou mesmo sugerem desejos que são só deles, surpreendendo a amada e os experientes profissionais de festas, com precisão e suas demandas. Ponto para eles – que, afinal de contas, detêm 50% das cotas dessa sociedade que está para se formar.

Hoje as festas são mais exclusivas – Houve um momento, nas décadas de 1970 até 1990 em que se media o prestígio dos pais dos noivos pelo número de convidados da festa. Eram sempre mais de quinhentos e chegavam até 2 mil pessoas. Um mico, uma vez que dificilmente a qualidade do serviço conseguia ficar à altura.

Aos poucos, vemos implantado o conceito de que menos é mais: ainda temos casamentos com quinhentas pessoas, claro, porém os menores são muito mais frequentes – e agradáveis, além de disputadíssimos. Nos centros urbanos as festas variam entre oitenta e duzentas pessoas, no máximo, propiciando uma celebração muito mais caprichada, vivida intensamente por todos que participam dela.

É claro que esses conceitos variam de região para região do nosso imenso país: no Centro-Oeste um casamento com trezentas pessoas é considerado pequeno, uma festa média tem entre trezentas e quinhentas, e uma grande, mais de setecentas. Diferentemente dos centros urbanos do Sul e do Sudeste, onde uma festa com quinhentas pessoas é "das grandes".

Já no Ceará as festas são quase sempre mais para grandes, GRANDES – com quinhentas pessoas para mais e com uma agravante: os donos da festa jamais permitem que se barre alguém na porta, daí o número muitas vezes saltar para muito, muuuuito mais do que o originalmente esperado.

É claro que há formas de driblar o aumento indesejado no número de convidados e critérios para convidar – como veremos mais adiante.

Hoje a igreja também faz a festa – Se antigamente os profissionais da igreja ou do templo limitavam-se a oficiar os ritos, hoje entenderam que é preciso se organizar de forma efetiva para atender mais eficientemente a demanda de casamentos.

Assim, vemos serviços com os quais antes não se sonhava – da sacristia ao altar: serviço de água, champanhe gelando na sacristia com champanheira e tudo, docinhos e até mesmo lencinhos distribuídos para as "lágrimas da alegria".

Naturalmente tudo isso é opcional e pago pelos noivos. Daí ser importante questionar quanto realmente é essencial servir champanhe e docinhos nesse momento de recolhimento (quando ainda não é a festa propriamente dita) e considerando que haverá uma profusão de tudo isso em menos de uma hora...

Mas é um avanço saber que há uma estrutura para tais serviços.

Além das aparências

Se por um lado há muita ostentação em algumas festas cujos noivos sequer se lembram da importância dos rituais e da religiosidade, por outro, há também uma procura grande por cerimônias que buscam elementos de espiritualidade que vão além das religiões dominantes e mais conhecidas. São cada vez mais frequentes casamentos seguindo preceitos celtas, a mandala ou mesmo o budismo.

Hoje as daminhas usam fraldas – É isso aí. Uma das novidades que me aperreia é o fato de ver daminhas e pajens cada vez mais bebês adentrando a nave e criando uma série de contratempos – pois são bebês...

Se antes a idade média era de seis ou sete anos para esses pequenos coadjuvantes, hoje, talvez um reflexo de tanta superexposição, vemos mães oferecendo – e muitas vezes quase impondo – seus rebentos de apenas um ano e meio para levar as alianças...

Alódia Guimarães, experiente cerimonialista de Fortaleza, tem uma boa frase para dissuadir noivos desse tipo de disparate. Sábia, ela conversa seriamente com a noiva: "Minha filha, se você sabe que vai ficar nervosa, imagine uma criança de dois anos, atravessando uma nave com todo mundo olhando, luzes e música. Sem entender nada"... Segundo ela, em geral funciona.

Mas quando não funciona, o quadro se agrava por também haver um exagero no número de crianças que, segundo os cerimonialistas, muitas vezes chega a ser de até doze entrando pela nave! Nesse caso são obrigados a providenciar não apenas mais de uma babá ou responsável pelas crianças na igreja, mas também lanchinho para elas e para as babás...

Portanto, noivos: por mais angelicais e espertos que sejam seus sobrinhos, enteados, filhos de amigos ou irmãos, se tiverem menos de cinco anos, deixe que assistam à cerimônia em paz acompanhados de seus pais.

Hoje valoriza-se mais a música e a bebida – Em detrimento da comida, que antigamente era a vedete de qualquer festa de casamento. Mas não é mais assim. Hoje os noivos chegam a gastar três horas falando da música e escolhendo o repertório com o DJ, além de exigirem bebida em abundância, especificando bem as marcas e os tipos de coquetéis. Já o que comer, resolvem em questão de minutos...

Se antigamente a valsa era um momento marcante, hoje, em boa parte das festas, foi substituída por uma música romântica escolhida pelo casal. E atenção pombinhos: cantar para a pessoa amada é lindo, mas só se atrevam a fazer isso se tiverem muita confiança no seu gogó e expertise de apresentação em público.

Pra que se expor? E pior: submeter seus convidados a possíveis erros e desafinadas? Esse é seu casamento e não o momento para um karaokê rápido...

Novamente, essa tendência varia de um lugar para o outro. No interior de São Paulo e do Centro-Oeste, por exemplo, é obrigatória a presença de uma dupla sertaneja por volta das duas horas da manhã. Já no Rio Grande do Sul esse momento não existe.

Hoje os cardápios são mais democráticos – Se antes havia "modas" como a do quiuí, do tomate seco, do kani e outras iguarias que subitamente se tornaram "essenciais" em um cardápio considerado elegante, hoje pode-se tudo – inclusive (e ainda bem) ingredientes tipicamente brasileiros.

Se, no passado, as refeições eram servidas em mesas e empratadas ou mesmo à francesa, hoje há, além das mesas, *lounges* para que as pessoas possam sentar com liberdade de levantar e circular em um rodízio: comendo, dançando e descansando.

Também misturam-se aos bufês "ilhas" redondas de comida distribuídas pelo salão para que os convidados possam se servir com mais liberdade quando e quanto quiserem. Em tempo: o fato de haver ilhas e *lounges* não dispensa as mesas. Mas não é mais obrigatória a formatação antiga do salão na qual todos os convidados se sentavam e não se levantavam enquanto não terminasse a refeição.

Outra mudança significativa é o cafezinho da saída – que se transformou em "cafeteria": foram-se os samovares de prata que acabavam com o gosto do café coado; chegaram as máquinas de café expresso em que o convidado escolhe seu sachê de café (mais forte, mais suave, descafeinado etc.) e, em algumas mais requintadas, há a opção de sorvetes de café também...

Hoje a decoração virou cenografia – Ou, pelo menos, "ambientação". Fernanda Floret, do blogue "Vestida de Noiva", lembra, acertadamente, que há algum tempo encomendavam-se trinta centros de mesa, flores para a entrada, para o altar e, eventualmente, para o caminho da nave – e estava resolvido o problema. Uma cobertura e uma forração completavam o necessário para "vestir" o espaço da festa.

Hoje, com a tecnologia a nosso serviço, o céu é o limite: temos a projeção mapeada que cria cenários e efeitos incríveis nos mais áridos espaços. Vídeos com a vida dos noivos são projetados em determinado momento, com iluminação computadorizada permitindo uma série de "cenários de luz", e por aí vai.

No entanto, é bom lembrar que o bolso tem limite. Para se ter uma ideia, o custo da cenografia hoje, em boa parte dos casamentos, equivale ao dobro do que se gasta com o bufê. (E até algum tempo atrás a comida equivalia à metade do orçamento da festa.)

Ainda, muitas vezes, efeitos bastante similares podem ser obtidos de forma mais acessível e simples usando apenas a criatividade e a ousadia.

Chris Ayrosa, uma das maiores craques em cenografia de eventos e casamentos, é uma expert em transformar ambientes com toques simples, geniais e, principalmente, cheios de emoção. E mais adiante veremos alguns desses exemplos relatados por ela.

Hoje fogos de artifício fazem parte da cerimônia – Assim como o arroz da prosperidade e da sorte. Alguém teve a ideia um dia e pegou: com o arroz da prosperidade, arma-se uma explosão multicolorida de fogos de artifício pra ninguém botar defeito. Hoje, esse é um dos momentos preferidos do pai da noiva, que não mede esforços para pagar por ele.

É claro que nos centros urbanos não dá certo e não acontece. Mas, dependendo da região e do local da igreja, esse é um momento de verdadeira apoteose. Tenho minhas dúvidas quanto à sabedoria de adotar esse expediente. Além de roubar a cena do casal, mistura estações: o momento é o fim de um ritual religioso e ainda não propriamente o início de uma festa pagã. Sem falar no custo.

Hoje a tecnologia é uma grande aliada – Se até um tempo atrás as novidades tecnológicas eram encaradas com desconfiança e mesmo como sinônimo de mau gosto, hoje são supercomuns e quase as vedetes dos casamentos.

O segredo é não deixar que isso aconteça, por dois motivos: a emoção é que deve dar o tom e não os efeitos especiais ou a pirotecnia. Se a tecnologia ajudar a enfatizar o momento, ótimo. Mais adiante falaremos detalhadamente disso em cada situação.

Mas é preciso usar como apoio para essa tecnologia expedientes relativamente simples que permitem que se acione um plano B ao menor sinal de contratempo, ou falta de energia, que, esta sim, é uma vilã poderosa e já deixou mais de um cerimonialista em saia justíssima.

CAPÍTULO 1

Nós dissemos sim!

Começando a se organizar

Vocês estão apaixonadíssimos e resolveram se casar menos de três meses depois de se conhecer.

Vocês namoram há oito anos, já têm a vida inteira planejada e agora, de acordo com os planos, chegou o momento de oficializar esse compromisso.

Vocês têm um relacionamento explosivo, chegaram até a morar juntos, no momento estão separados, mas resolveram fazer uma grande festa, casar pra valer, no papel (até para fazer um agrado às famílias) e marcaram a data.

Vocês jamais imaginaram que aquela amizade de infância se transformaria, em questão de meses, num amor tão profundo que acabasse terminando em casamento. Com dia, mês e hora para acontecer...

Sejam quais forem os motivos que os levaram a tomar essa decisão, o importante é que ela foi tomada em conjunto e, a partir desse momento, começa uma nova fase em suas vidas, na qual quase tudo será partilhado. Esse é o grande desafio.

Porém, essa fase, entre o momento da decisão e a comemoração oficial dessa nova etapa, deve ser lembrada como um momento intenso, trabalhoso, cheio de decisões, sim, mas jamais – como acontece em muitos casos – como um período de muito estresse, tomado por dilemas, preocupações constantes e atritos familiares.

Este livro se propõe a ajudá-los a evitar que isso aconteça. É possível e não é tão complicado quanto possa parecer. Tenham como princípio que quem deve tomar toda e qualquer decisão são vocês, os protagonistas dessa história, e façam isso antes de colocar qualquer assunto ou pauta junto a famílias, amigos ou colegas de trabalho. Esse é o grande segredo para permanecerem unidos e se preservarem de conselhos inúteis e interferências fora de hora.

A outra grande dica é se organizar e não ter preguiça de pensar em detalhes. Não há como: quem escolhe uma cerimônia de casamento – seja qual for a religião ou o grau de formalidade – não pode querer fugir dos milhares de detalhes que a acompanham. E que, em última instância, acabam fazendo desse dia uma data realmente muito especial.

Pode parecer óbvio, mas é importante: a primeira coisa a fazer, antes mesmo de começar a organizar o cronograma, é comprar uma agenda. E das grandes, daquele tipo que tem um dia por página. Não se iluda achando que qualquer caderninho resolve. E a agenda virtual não será tão prática para anotar todas as ideias que surgirão, ou mesmo guardar amostras de tecidos, cores etc. Uma boa e antiga agenda de papel e uma pasta para guardar toda sorte de orçamentos e detalhes que farão parte da sua vida de agora em diante.

Consultoria e cerimonial – vale a pena contratar

Se você é superorganizada e conta com mãe, irmã ou mesmo alguma cunhada que vai ajudar de verdade colocando a mão na massa ao longo de toda a preparação, talvez nem precise disso. Principalmente se optar por uma festa pequena, para até cem pessoas.

Mas, se você quiser se prevenir e tiver alguém experiente com quem dividir seus dilemas e tirar eventuais dúvidas, não pense duas vezes e contrate um profissional. Mas informe-se antes do que consiste o serviço.

Consultores, ao contrário das noivas, organizam dezenas de casamentos por ano e têm acesso a todo tipo de descontos, pacotes e vantagens que uma noiva, sozinha, terá dificuldade em conseguir. Uma das vantagens de contratar consultores de casamentos é que eles são profissionais com maior poder de barganha que você. Todos os fornecedores sabem que eles têm um poder de compra e de influência muito grande e vão querer, portanto, trabalhar sempre para eles.

Desconfie de todos os profissionais que tratarem seu casamento como se seu noivo não existisse ou não tivesse quase nenhuma importância. É uma péssima maneira de começar a vida a dois. Daqui para a frente, os dois estarão sempre juntos, e, quanto antes as pessoas se acostumarem com isso, melhor.

Paciência que rende juros

Seja paciente com você mesma. Reserve algum tempo agora para não se atrapalhar mais adiante. Guarde cada recibo e, de preferência, todos juntos, em um só lugar! Você nunca sabe quando alguém vai querer lhe passar a perna! A alegação de que "ela estava tão envolvida com o casamento que provavelmente entendeu errado" é frequente.

Resolvam antes — e a dois

Para evitar mal-entendidos em público, façam, a sós e com antecedência, uma lista dos tópicos que devem ser resolvidos. Ao sentarem para discuti-los, escolham um momento de relaxamento, longe da família e de outras interferências. É aconselhável em seus lugares favoritos, evitando horários espremidos (como o almoço nos dias de semana ou entre um compromisso de trabalho e outro).

Equilíbrio é o segredo — e vai depender de você

Você nem imagina o que a palavra "noiva" ou "casamento" é capaz de fazer na vida de uma pessoa. E, na maioria das vezes, a gente não está preparada para tantas mudanças assim. Em geral, as noivas ficam tão preocupadas com a organização da festa ou com os ajustes da casa e do vestido que se esquecem de prestar atenção a esse detalhe. A consequência é que acabam sofrendo, enfrentando despreparadas uma série de crises emocionais que causam um estresse desnecessário às mais sensíveis.

Para que isso não aconteça, comece a prestar atenção na reação das pessoas mais próximas a você. Assim, as chances de grandes surpresas serão menores. A primeira coisa que vai notar é que, a partir do momento em que anunciar seu casamento, as pessoas passarão a tratá-la de forma diferente. E vai depender de você adotar uma atitude positiva e flexível, pronta para contornar todo tipo de contratempo, palpites e ataques de ciúme e de carência.

Dê um tempo

Reserve pelo menos uma hora do dia para seu bem-estar. Nessa fase de preparativos, seu ritmo de vida vai ficar mais acelerado, centenas de pequenas decisões vão requisitar sua atenção e, se você não se disciplinar, vai acabar com uma estafa. Assim, veja qual é a atividade que mais lhe dá prazer e procure dedicar-se a ela durante um período do dia. Ou pelo menos da semana.

E não vale atropelar esse momento! Acredite: esse tipo de pausa será muito mais importante do que você imagina. Vale tudo: ginástica, caminhadas no parque, leitura, sessão de massagem, cabeleireiro ou simplesmente sair para olhar vitrines. O que importa é que você terá sossego durante algum tempo para reorganizar os pensamentos e estar sozinha consigo mesma.

Adapte seus projetos profissionais: se você tem um trabalho absorvente e algum grande projeto em vista, tente, na medida do possível, adiantá-lo ou adiá-lo. Em último caso, delegue-o. Não superestime seus limites, pois é certo que você acaba sofrendo as consequências.

Se você faz uma série de cursos extras e sempre foi muito ativa, pise no freio. Não dá para trabalhar, casar, fazer ginástica diariamente, aprender iquebana, culinária e astrologia uma vez por semana. Alguma coisa vai ter de esperar.

Novos projetos, nem pensar!

Você não vai querer ficar esquizofrênica, não é? Pois, então, resista à tentação de aceitar qualquer novidade em sua vida além de seu casamento. Acredite, toda a sua criatividade estará totalmente envolvida por visões de metros e metros de tule branco.

Noivo também é gente...

Todo mundo ao seu redor foi afetado (alguns mais, outros menos) pela notícia de seu casamento. Até mesmo você está se sentindo diferente, cheia de energia, pronta para o que der e vier, com aquela sensação emocionante de não saber, ao certo, o que está por vir.

E você acha que seu noivo é de pedra? Lógico que não. Afinal, se fosse, você não estaria se casando com ele, não é? Pois, então, prepare-se para notar também nele uma mudança sutil de comportamento. Ele começará a se sentir confrontado com uma série de dilemas (parecidos com os seus). Estará, também, sob pressão e será obrigado a resolver aspectos de sua vida nos quais nunca havia pensado antes.

Por fim, você vai conhecer algumas de suas outras facetas, que nunca vira até agora porque vocês nunca passaram antes pela experiência de "preparar uma vida em comum". Portanto, em vez de se indignar, acusá-lo de nunca ter agido assim ou dizer que ele não sabe direito o que quer, lembre-se: para ele, tudo isso é tão novo quanto para você. Exercite sua compreensão. Assim, será mais fácil não entrar em atritos inúteis.

FERNANDA FLORET

Fernanda Floret tem a pele clara e rosada e cabelos naquele tom de louro escuro vitoriano que as periguetes de plantão jamais verão nas cartelas de cor de seus tonalizantes, sempre berrantes.

Tudo em Fernanda é harmonioso: os cabelos levemente ondulados, o tom de voz, os olhos acinzentados que podem mudar de tom conforme o dia e a silhueta elegante sempre valorizada por roupas elegantes, com um toque de romantismo.

Essa mesma suavidade contrasta vivamente com sua forma antenada e focada de perceber a vida. Desde 1996, quando a internet ainda dava seus primeiros passos junto ao grande público, Fernanda já era uma frequentadora assídua de espaços e conversas virtuais. No início dos anos 2000, o grande lance de comunicação entre as pessoas e grupos on-line era o Orkut. Foi lá que, além de navegar e saber das coisas, ela começou a tirar dúvidas específicas sobre casamentos.

Em 2007, quando ficou noiva, começou a pesquisar e percebeu que a maior parte da informação sobre modelos de vestidos, decoração e cerimonial de casamentos estava sempre em revistas, sites e blogues estrangeiros. E por isso nada tinha muito a cara das "nossas" comemorações. Ou, pelo menos, não como ela imaginava e gostaria que fosse a *sua* festa.

A partir daí, suas postagens e informações começaram a ser mais frequentes – sempre com dicas muito especiais, oferecendo alternativas interessantes e originais sem perder a elegância, o sentimento e, principalmente, a perspectiva de quem são os noivos em um país tão grande, com população tão variada quanto a nossa.

Hoje, seu blogue "Vestida de Noiva" é um sucesso absoluto com mais de 2 milhões de visualizações por mês. É uma verdadeira mão na roda para quem quiser ver as tendências do mercado de casamentos e refrescar as ideias com os comentários de Fernanda – sempre com o pé no chão e bem-humorados.

Ideias, soluções, fornecedores ou apenas fotos de outros casamentos e troca de experiências de casais de todo o Brasil são alguns dos motivos que fazem o sucesso do "Vestida de Noiva".

Fernanda entende que hoje o mercado está muito diferente daquele dos anos 1980, quando as festas eram imensas, engessadas sempre com o mesmo formato e carecendo de imaginação. Hoje há uma versatilidade muito maior para aceitar formatos, lugares e cardápios dos mais variados – além da tendência a se fazerem comemorações mais íntimas e calorosas.

Ela atribui a isso o fato de, nos últimos anos, terem ingressado no mercado de casamentos e festas uma série de profissionais vindos de áreas como publicidade e cinema. Uma geração de jovens "casamenteiros" mais ousada e menos conservadora do que a que atuava até então.

Some-se a isso as facilidades trazidas pela tecnologia para "entregar" às festas toda sorte de efeitos especiais e as inúmeras possibilidades na fase pré-casamento com aplicativos para ajudar os noivos – desde fazer e acompanhar a lista de presentes até organizar a lua de mel –, e o mercado de casamentos no Brasil deu um salto de qualidade e pujança, ultrapassando até mesmo alguns países que antes nos faziam suspirar de inveja.

Fernanda, apesar de jovem, transita nesse universo com a experiência de quem sabe o que está falando e para quem. Quando procurada por casais com esta ou aquela dúvida, querendo saber o que deve ou não ser feito, responde com uma pergunta tão essencial quanto esclarecedora: "Qual é o foco de vocês?". E emenda explicando que, para ela, o foco é criar um casamento com "a cara dos noivos" e, é claro, caprichar nos detalhes de base de qualquer boa festa, que é a excelência da comida e da bebida e a abundância de animação e amor.

Com base nessa informação é muito mais fácil entender o sonho, realizar as fantasias e desenvolver a comemoração de acordo com o temperamento e o desejo dos noivos. E o resultado é sempre um encontro especialíssimo, uma festa com a cara do casal em questão.

Segundo ela, hoje o foco é muito mais concentrado na música, na comida e no encontro da família do que na "foto e no monograma" como há algum tempo. Naturalmente as prioridades mudam, dependendo da região do país, da religião e da idade dos noivos.

Se em grandes centros urbanos como Rio de Janeiro e São Paulo a prioridade é uma pista animada, onde todos dancem até as oito da manhã, no Nordeste, de forma geral, o que não pode faltar é fartura nos cardápios.

Quando perguntada sobre o que considera deselegante em uma comemoração de casamento, Fernanda – apesar de ter concebido uma poderosa ferramenta virtual para noivas e noivos – não hesita em alertar para os perigos dos excessos de tecnologia: acha que definitivamente não é o caso de postar *todos* os preparativos e *making of* do grande dia – afinal é um momento íntimo seu que não precisa ser tão compartilhado.

"É preciso ter noção dos limites do que se posta e especialmente viver mais a festa em si, pois muita gente está tão preocupada em fotografar com o celular que não aproveita o momento", diz ela, que ficou chocada em uma cerimônia com as madrinhas que tiravam fotos e postavam *ainda no altar, durante o casamento*!

Fernanda entende que os tempos mudaram, mas se incomoda com a moda de pedir dinheiro de presente e divulgar contas em sites. Para solucionar esse tipo de impasse, costuma dizer que os noivos podem "pedir um desejo" e até mesmo elaborar uma lista de desejos, esta sim podendo ser divulgada – mas jamais dinheiro.

Isso quer dizer que não há problemas em divulgar no site de seu casamento todos os seus desejos, como fazer uma massagem a quatro mãos no superspa do hotel em que vão ficar, um voo de balão ou um passeio de gôndola em Veneza. Seus amigos podem achar superlegal bancar a fada madrinha para isso. Mas é completamente diferente de divulgar a conta e pedir abertamente dinheiro...

Claro que, eventualmente, alguns costumes podem mudar. Mas para melhor, certo? Alguns podem até parecer ostentação ou extravagância, como a nova onda de presentear os padrinhos e as madrinhas. Mas são pensados com a ideia de oferecer um toque de requinte aos convidados. E, nesse quesito, Fernanda destaca um capricho que promete: trata-se de desenvolver uma fragrância exclusiva para sua festa. Com as notas de suas essências preferidas e das de seu noivo.

Assim, depois de horas envolvidos nesse perfume, seus convidados receberão na saída um frasco. E poderão reviver na memória pelo menos um pouco da magia que permeou esse momento. Demais, não?

CAPÍTULO 2

Finanças de um casamento

Se vocês estão contando com algum dinheiro de herança, promoção, décimo terceiro ou empréstimo, cuidado! Façam um balanço, detalhado, do que já têm e não contem com o que ainda vão ter (antes de o dinheiro estar, efetivamente, na sua conta no banco).

Dinheiro

Esse é um assunto delicado. Para falar em dinheiro, é preciso tato, e é fundamental que tudo seja muito claro, desde o início. Daqui em diante, tudo vai girar em torno de seu casamento e de quanto essa "farra" vai custar. Quanto mais realistas todos forem em relação à questão financeira, melhor.

Cada gasto muito bem-detalhado

A melhor maneira de não levar sustos durante os preparativos é fazer, desde o início do processo, um levantamento detalhado de todos os gastos (já com alguns custos definidos e uma previsão de orçamento objetiva), para ter uma noção de quanto vão gastar. Façam e refaçam as contas quantas vezes forem necessárias. É melhor do que, depois, ficarem agoniados por não terem contado com esta ou aquela despesa extra.

Vocês podem, também, inverter o processo: verificar de quanto dispõem para gastar e, a partir daí, adequar essa quantia aos orçamentos previstos. É uma forma mais racional de se organizar, e também um método mais econômico.

Quem paga o quê

Quanto antes for definido esse detalhe, melhor. Assim, poderão logo distribuir as tarefas entre os familiares e dar a largada. É importante que isso fique claro e muito bem-conversado entre pais e filhos.

Não há regra fixa quanto a quem deve pagar o quê. Tradicionalmente, os pais da noiva pagam o enxoval e a festa, enquanto os pais do noivo ajudam na compra da nova casa e na viagem de lua de mel. Mas hoje isso mudou: não há nada que impeça as famílias de dividirem, igualmente, todas as despesas. Assim como também não há nada de mal em os pais do noivo se oferecerem para pagar outras contas, em sinal de delicadeza e boa vizinhança.

Noivos que pagam a festa

Hoje, os casais casam-se mais tarde porque priorizam projetos profissionais. Quando isso acontece, é muito frequente que eles mesmos paguem a festa ou, pelo menos, contribuam consideravelmente. Nesse caso é comum que também as decisões e o estilo da festa acabem sendo definidos de acordo com um projeto original e específico deles e com menos interferência das famílias.

Os pais de ambos provavelmente vão aplaudir de pé o fato de não precisarem participar tão ativamente em tudo, mas, por uma questão de delicadeza e harmonia das famílias, é simpático sempre deixá-los a par de tudo o que decidiram e do que está sendo preparado. Até para que possam curtir e agregar experiências e sugestões (e não palpites aleatórios) ao longo do processo.

Tempo bem-dividido, dinheiro mais bem-aproveitado

Daqui para frente e até o dia do casamento, vocês vão estar, constantemente, desembolsando dinheiro.

Em alguns dias, mais, em outros, menos, mas é um sem-fim de compras, sinais e taxas. É aconselhável que entrem em um acordo quanto à quantia mensal a ser gasta: assim fica mais fácil priorizar as compras e organizar um cronograma de gastos.

Se, por um lado, os convites e a taxa da igreja devem ser providenciados pelo menos quatro meses antes da data marcada, por outro, as flores, o serviço de vídeo e outros detalhes podem ser providenciados com um ou dois meses de antecedência.

Dicas para economizar sempre

Esta é uma regra de ouro, de que todos os envolvidos deveriam se lembrar sempre: jamais digam (a não ser em lojas especializadas em vestidos de noiva) que estão preparando um orçamento e contratando o serviço para um casamento. No momento em que disserem "é para o nosso casamento" – com aquele indisfarçável ar de noivos felizes –, estarão convidando qualquer fornecedor a tentar lhes passar a perna e jogar o orçamento nas alturas.

Aprendam a omitir a palavra "casamento". É perfeitamente possível combinar um delicioso jantar para duzentas pessoas com o bufê sem mencionar que é para seu casamento. E não se deixem enganar com "taxas extras". Rode a baiana e verá que eles começarão a negociar rapidinho.

- Sejam firmes ao discutir suas ideias e questionem, sim, se acharem preciso, cada detalhe.

- Peçam alternativas mais baratas, façam sugestões e não se acanhem diante desses profissionais. Os noivos são vocês.

- Acostumem-se com a ideia de que tudo o que ficar acertado precisa de um contrato por escrito (inclusive com as previsões de orçamento). Nesse contrato deve constar, minuciosamente, o que é o serviço e o que está incluído nele. No caso de um bufê, por exemplo, deve haver a relação de pratos que serão servidos, quantas pessoas serão atendidas, quantos garçons estarão trabalhando, até que horas vai funcionar a casa, o preço por hora extra, enfim o maior número possível de detalhes. O momento para fazer perguntas e esclarecer dúvidas é esse. Não deixem por menos. Se, por acaso, alguém lhe disser que não trabalha com contrato, dispense sem piscar.

Sempre que deixarem um depósito em dinheiro, peçam um recibo na hora; não aceitem que o enviem pelo correio ou por outras vias.

E, já que estamos falando em depósitos, só deixem algum valor como sinal quando tiverem certeza de que vão mesmo comprar o produto ou contratar o serviço. E, mais importante: procure refrear o impulso de deixar depósitos para tudo. Tente racionalizar para economizar.

Casa

Reformar ou só pintar?

Antes de começar a se divertir com os detalhes do vestido e dos arranjos de flores, o ideal é que já tenham definido e encaminhado todas as providências necessárias para tornar sua futura casa o local mais confortável possível e pronto para morar.

Se já existe uma casa ou apartamento, apenas esperando pelos últimos retoques, é mais fácil.

Serviços básicos

Não se esqueçam de que a ligação de gás, telefone, alarmes eletrônicos e uma série de outros serviços, dependendo do tamanho da cidade onde moram, podem demorar semanas.

Assim, conheçam esses procedimentos e estabeleçam uma data-limite para que tudo seja devidamente providenciado. Aproveitem para se informar sobre os serviços extras de telefonia, campainhas especiais, enfim, detalhes que vocês não terão tranquilidade para resolver quando estiver próxima a data do casamento, mas que farão diferença no que se refere a seu conforto no futuro.

Tudo mesmo

Aproveitem tudo! Vocês terão de gastar em tantas coisas que é essencial que consigam economizar em itens que podem ser recuperados ou transformados. Que também darão à nova casa um interessante e bem-vindo toque afetivo de identidade com o passado de cada um.

Se um de vocês ou ambos já moram sozinhos, definam o que vai ser aproveitado da casa anterior. Mesmo quem mora com os pais pode querer levar algumas peças de estimação – por que não? Uma vez resolvido isso, é o momento de providenciar pelo menos o básico para se instalarem confortavelmente. Isso varia de acordo com o estilo de vida de cada um, no entanto não se sintam obrigados a completar todo o mobiliário ou mesmo acabamentos da casa e decoração de uma só vez.

Além de antieconômico e de tirar o foco da cerimônia em si, é importante "viver" a casa juntos para depois dar esses retoques aos poucos. O resultado é infinitamente mais bonito e agradável.

CHRIS AYROSA

Impacto e requinte. Essa é a sensação que nos envolve sempre que nos encontramos em uma festa ou evento planejado por Chris Ayrosa, da Party Design. Multiplique isso por mil se o evento for um casamento, pois Chris, uma criatura efervescente, é movida a pura emoção.

Ela faz tudo parecer simples, porém cada detalhe é sempre pensado e checado com precisão impressionante. Da paleta de cores usada na decoração, passando pelo cardápio e as surpresas que prepara para os noivos, nada é gratuito, ou fruto de uma "inspiração". Em tudo o que ela faz, além de um conceito cuidadosamente elaborado, há também um senso estético impecável que se traduz em cenários belíssimos e sempre muito originais – seja em uma exclusiva festa para pouco mais de trinta convidados ou para mais de trezentos.

Chris também não tem medo de ousar e pode ser considerada uma pioneira em várias práticas hoje consideradas obrigatórias pelos profissionais de eventos. Aliás, ela começou sua carreira na década de 1970 por conta de uma inovação que hoje nos parece normal, mas que, então, era impensável. Acompanhando seu pai, criador de gado, a um pavilhão de exposições onde estava sendo montada uma grande feira de gado, ficou impressionada com o aspecto desolador do lugar.

"*Era um grande galpão*", lembra ela, "*pelo menos era limpo.*"

Mas limpeza não garantia conforto e muito menos uma acolhida à altura do público superselecionado de criadores que costumam frequentar e fechar negócio nesses eventos. Inconformada, Chris foi à Secretaria da Agricultura sugerir algumas ideias para melhorar aquilo. E acabou contratada.

E aí entram sua genialidade e sua ousadia: em vez de se limitar a adequar o espaço com elementos do universo agropecuário, ela espalhou tapetes pelos corredores, construiu pequenos gazebos decorados com flores, lugares para sentar, comer e beber, e iluminou tanto corredores quanto cocheiras – de forma a transformar completamente o pavilhão!

Ora, ao chegar, não apenas havia a surpresa pelo inesperado, como também o enorme prazer em sentir-se tão bem-recebido. As pessoas não queriam mais sair dali, os negócios foram muito mais prolíficos e as exposições de gado jamais seriam as mesmas no Brasil.

Das exposições de gado para os leilões de cavalos em grandes casas de shows como o Palace, em São Paulo, foi um movimento natural e, destes, para o setor corporativo, em que cria soluções geniais para temas naturalmente mais áridos.

Um exemplo disso foi a inauguração de uma grande fábrica de máquinas pesadas (como escavadeiras, guindastes etc.). Como envolver e, principalmente (pois Chris não abre mão da emoção), como emocionar o público com tais geringonças?

Com sua habitual ousadia e talento, Chris pensou em uma cenografia com cores vibrantes para que o local (enorme e asséptico) ficasse mais convidativo para acolher os convidados do coquetel. Mas não bastava. Depois de meses de trabalho, pesquisa e ensaios, não é que no dia as pessoas foram deliciosamente surpreendidas com nada menos do que um "balé de máquinas?". Com direito a trilha sonora e tudo!

Não houve quem não se surpreendesse com a força dos movimentos das máquinas – aparentemente desengonçadas, mas que, apresentadas sob o prisma e os cenários adequados, se transformaram nas estrelas da festa. E era exatamente essa a intenção!

"*A noiva é a luz.*" Essa frase de Chris resume o que ela faz com suas noivas hoje: focos de luz sobre sua silhueta, luz recortada ou mesmo lustres de cristais que se acendem brilhantes, acompanhando os passos da noiva – nada é mais importante do que contagiar a todos com a magia desse momento envolvendo-a em uma aura de brilho em sua entrada.

Todo esse cuidado vem de sua própria experiência como noiva, que, ironicamente, coincidiu com um dos maiores micos de sua carreira – embora, naquele momento, ela nem sonhasse que se transformaria em uma especialista em realizar sonhos.

Foi assim: Chris, já então com uma aguçada percepção do que queria e como, resolveu que ela mesma organizaria seu casamento. Sua amiga Claudia, que tinha uma camerata de música clássica, tocaria. Imbuída do espírito da época, Chris idealizou um vestido vitoriano de gola alta, preso à sua mão por um anel de renda. E, para deixar tudo mais autêntico, resolveu que a música seria acústica e a iluminação toda à base de tocheiros, encimados por velas brancas.

Beleza! Cenário pra ninguém botar defeito. No dia deu tudo certo.

Porém, ao conversar com sua avó, que assistira à cerimônia dos primeiros bancos da igreja, percebeu que não fora bem assim:

"*Minha filha, o que foi que aconteceu, querida, que acabou a luz da igreja bem na hora? Não dava para ouvir e também estava tão escuro! Uma pena...*", disse ela.

A neta nunca esqueceu e hoje não há noiva menos do que brilhante – seja na cerimônia ou festa.

Chris começou a fazer casamentos há pouco mais de dez anos – e o primeiro foi a pedido de uma vizinha sua que faria a cerimônia junto com o batizado da filha. E não parou mais. Hoje, disputadíssima, tenta não fazer mais do que um por mês – segundo suas próprias palavras, para poder "acompanhar e fazer direito".

É que o "fazer direito" de Chris extrapola, em muito, qualquer expectativa. Como o casamento que fez no Hotel Unique em São Paulo, famoso por seu terraço com vista para o Parque Ibirapuera, derramando-se sobre a cidade. Chris usou o fato de o espaço ser todo circundado por uma proteção de vidro e acendeu literalmente milhares de velas acompanhando essa borda – que se refletiam no vidro, iluminando a festa e fundindo-se às luzes da própria metrópole.

Ao entrar no recinto, as pessoas sentiam-se literalmente nas nuvens, como se estivessem flutuando sobre as luzes daquele majestoso horizonte urbano.

Como Chris é uma criatura vibrante e sensível, essa é uma das modalidades de festa que mais lhe dá prazer, pois lhe permite dar uma dinâmica mais dramática à ocasião. Segundo ela, é importante ter um roteiro que aconteça num crescendo e "vá esquentando".

E isso pode ser feito com a música, a iluminação, as cores da decoração – conforme se avança pelo recinto, do *timing* do serviço, das surpresas que às vezes prepara para os noivos ou eles "se preparam" um para o outro...

Como no dia em que um casal, há dezenove anos juntos, se casou: na hora de fazer a clássica pergunta da boda, foram as filhas que perguntaram:

"Papai, você quer continuar casado com a Mamãe?" Pura emoção.

Chris é assim e tem mais uma enorme qualidade: a generosidade. Que o digam as duas filhas Carol e Juliana, que trabalham com ela, e os funcionários, muitos deles na Party Design desde o início, há trinta anos. Mas, em tudo e por tudo, Chris conta com uma ajuda essencial e inspiradora: o marido Alcides, que, além de companheiro há mais de quarenta anos, é nada menos que o fio de todas as tramas tecidas por essa tecelã de sonhos. E, visionária, faz questão de dividir e agregar informações e dicas. Comemorando as três décadas de sucesso, já montou um calendário de workshops e cursos em sua empresa para difundir cada vez mais esse conhecimento, trocando ideias e experiências. Ainda bem, já que beleza e requinte nunca são de mais.

CAPÍTULO 3

O grande dia: planejar para aproveitar

Defina a data sem erro

Antes de marcar a data, é bom levar em conta vários aspectos diferentes:

Feriados: se pensam em se casar perto de datas como 7 de setembro, 15 de novembro ou outros feriados nacionais, verifiquem se esses dias não caem em uma sexta-feira (e seu casamento num sábado, por exemplo).

Sexta-feira: se moram em uma cidade grande e movimentada, evitem casar nesse dia. Não há, aqui, nenhuma restrição moral ou religiosa, simplesmente a constatação de que nesse dia as pessoas estão muito mais cansadas, pelo ritmo da semana, e com menos disposição para festas. Se querem que a sua seja um sucesso, não obriguem seus amigos a se arrastarem de cabelo arrumadinho até a igreja numa sexta-feira. Podem ficar certos de que, nesse dia, até mesmo a festa mais animada termina antes da hora.

Antecedência

Se vocês desejam uma festa grande (com mais de trezentas pessoas), o ideal é que tenham pelo menos oito meses para se organizar. Isso não quer dizer que com seis meses não seja possível se casar com tudo que têm direito. Mas precisarão ser mais organizados e sintéticos quanto aos seus objetivos, só isso.

Se, por algum motivo, a data foi marcada para daqui a três ou quatro meses, não bobeie! Deixe as atividades paralelas de lado (cursos extras, almoços fixos com amigas e, até mesmo, novos projetos profissionais), para se dedicar, durante esse curto espaço de tempo, a seu casamento. Afinal, você merece.

Defina a data do casamento civil

Se vocês são ultrafesteiros e as famílias não perdem nenhum pretexto para comemorar, não há problema em fazer do casamento civil um evento separado do religioso. Definam a data (de preferência algumas semanas antes do religioso) e que tipo de comemoração vão querer.

Embora a festa não seja obrigatória, sempre há quem queira brindar com os noivos ou fazer alguma homenagem.

Se quiserem simplificar, marquem o civil para o mesmo dia do religioso. As vantagens são muitas: todos os seus amigos queridos estarão presentes. Seus padrinhos do civil não serão deslocados duas vezes para parabenizá-los, vocês não terão de se preocupar com uma comemoração a mais (inclusive roupa etc.) e, finalmente, embora tudo pareça uma grande festa, o fato de vocês serem requisitados para dois casamentos em tão curto espaço de tempo causa um desgaste físico e emocional muito maior do que pode parecer.

Você poderá marcar o casamento civil até três meses antes do religioso. O que, aliás, e uma boa ideia, pois nesse período vocês ainda não estarão completamente assoberbados para cuidar dos detalhes burocráticos. E para que deixar as coisas para a última hora?

Ok, se você é do tipo mais prático, saiba que hoje o casamento civil também pode ser realizado pelo padre ou pastor durante a cerimônia na igreja – é o que se chama de "Religioso com efeito Civil".

Regime de partilha de bens

É uma questão delicada, que deve ser previamente discutida para não criar conflitos a poucas semanas do casamento. Vocês certamente serão indagados sobre o regime legal sob o qual desejam se casar. É melhor que estejam devidamente informados do que de fato implica cada uma das formas que poderão ser adotadas. Se consultarem um advogado, ele lhes mostrará uma infinidade de nuances e alternativas legais.

No Brasil, há basicamente três "regimes" mais usuais:

- **Separação parcial de bens** – Essa é a forma mais comum. As outras são variações que podem ser adotadas por meio de um contrato separado. Por esse regime, o que pertencia aos cônjuges antes do casamento continua sendo de cada um. Tudo o que for adquirido depois passa a ser automaticamente de propriedade do casal. É o regime mais transparente e também o mais justo.

- **Comunhão universal de bens** – Tudo o que pertence a um dos noivos automaticamente passa a pertencer ao outro, inclusive o que foi adquirido antes do casamento e possíveis heranças. Antigamente essa era a prática mais comum.

- **Separação total de bens** – Por esse contrato cada parte continua com o que tinha antes de se casar. E tudo o que é adquirido ao longo do casamento é feito separadamente, em nome de um ou do outro cônjuge (no caso, em nome de quem estiver adquirindo o bem).

Escolha dos padrinhos

O critério afetivo é o mais importante na hora de escolher os padrinhos, que devem ser pessoas de quem vocês realmente gostem e que participem de fato das suas vidas. Mas, além disso, há outros fatores importantes a levar em conta.

Quantas pessoas ficam no altar? Antes de tudo, avalie o tamanho da igreja. A não ser que tenha sido escolhida uma catedral, o ideal é que convidem apenas dois casais de amigos como padrinhos de cada lado.

O número de padrinhos de um casamento no Brasil pode variar conforme a região. No Nordeste chegam a vinte casais, sem nenhum exagero – que naturalmente não ficam no altar, mas acomodados nas primeiras fileiras de bancos na igreja.

A questão do número dos padrinhos é cultural e pode variar. Enquanto na Europa alguns países usam apenas um casal para cada cônjuge, no Brasil, varia muito. Porém há que se ter bom senso: se no altar cabem no máximo oito pessoas (três casais e os pais dos noivos) não convém ultrapassar esse número.

Bem na foto

No Nordeste e no Centro-Oeste, onde o número de padrinhos é muito maior (chegam a vinte casais que somam quarenta), a foto oficial é tirada enquanto estão todos ainda na igreja. Apesar de não ficarem no altar e sim nas primeiras fileiras, para a foto posicionam-se todos em frente ao altar.

Jamais convide alguém para padrinho ou madrinha apenas porque você tem certeza de que essa pessoa vai poder lhes dar um bom presente. É o fim da picada e não garante absolutamente nada.

Chefe é chefe. É de extremo mau gosto convidar seu(sua) chefe ou qualquer pessoa hierarquicamente superior para apadrinhar o casamento. A não ser que essa pessoa seja muito amiga da família e frequente sua casa há anos.

Boa notícia – Vocês não precisam ter medo de melindrar ninguém convidando apenas um membro do casal para padrinho ou madrinha. É perfeitamente aceitável. Portanto, se vocês adoram aquele amigo da vida inteira, mas não suportam a perua com quem ele está namorando, essa é a sua chance de colocá-la de escanteio com classe.

Vale família? É claro que vale. No entanto, é um assunto delicado, pois pode ferir suscetibilidades. Lembre-se de que as famílias já estarão naturalmente em destaque durante a cerimônia, pois os bancos da frente são reservados a elas e não precisam necessariamente estar no altar.

Curso de padrinhos – Algumas paróquias são rigorosas na exigência do curso para padrinhos. Se for o caso da sua, informem-se da data e do horário e comuniquem o fato o quanto antes a seus padrinhos. Se houver alguma taxa, é superdelicado que vocês paguem.

Escolha de pajens e damas

Realmente é uma gracinha: alguns passos à frente da noiva, uma ou mais crianças rechonchudas avançam com seus passinhos incertos e olhares de anjinho. É uma cena cheia de ternura e graça. Se elas se comportarem exatamente como você idealizou.

Se você optou por convidar crianças para atuar como daminhas de honra e pajens em sua cerimônia, não há o menor problema. Desde que observe algumas precauções que podem lhe facilitar a vida no dia.

Elas podem entrar na frente da noiva ou atrás, encerrando o cortejo, aos pares ou em fila indiana (embora aos pares seja mais recomendável, pois sozinhas elas têm mais chance de se desconcentrar). Finalmente, você pode ter meninos e meninas juntos, apenas meninas ou só meninos, como preferir. E também pode convidar apenas uma criança.

As meninas podem levar cestinhos com pétalas de flores para jogar na entrada ou na saída, os meninos podem estar carregando a almofadinha de veludo com as alianças ou ambos podem entrar de mãos vazias, caminhando simplesmente.

No caso de a noiva usar um modelo de vestido com véu mais longo, eles podem entrar atrás, ajudando a levar as pontas. As alternativas são muitas, mas, em todos os casos, alguns critérios acabam se impondo.

Quando se convida uma criança para participar de um casamento, o ideal é que ela tenha, no mínimo, cinco anos. Não adianta achar que seu sobrinho tão fofinho de quatro anos é um astro. Ele até pode ser. Mas ainda é muito pequeno para se disciplinar a não correr para o banheiro quando quiser fazer xixi ou simplesmente não sentar no chão quando bater o cansaço.

Finalmente, para que a participação das crianças seja realmente um sucesso, é importante manter contato com elas até o dia do casamento. E, para que isso aconteça, é mais fácil você escolher alguém da família ou que frequente bastante sua casa.

Roupa de pajens e damas

Um dos motivos pelos quais pajens e damas costumam ter chiliques na hora H é o fato de estarem vestidos com trajes engomados, quentes, e com os quais não estão acostumados.

Pense bem antes de escolher aquele terninho de veludo lindo para um garoto de cinco ou seis anos ou um vestido com cinco sobressaias, duro e desconfortável para a daminha.

Não há necessidade. É perfeitamente possível ao garoto se apresentar, por exemplo, com uma bonita camisa abotoada ou qualquer outra alternativa condizente com sua idade e um vestido comprido, porém de caimento natural confeccionado com um tecido macio. Se estiverem confortáveis, as chances de emburrar diminuem consideravelmente.

Em tempo – Quem deveria pagar a roupa das daminhas e pajens, em tese, seria a família da noiva. Como muitas vezes essas crianças são da família, pode acontecer de a despesa ficar por conta da mãe delas. Porém, ao convidar uma criança com quem você não tenha muita intimidade, é infinitamente mais simpático se oferecer para pagar essa despesa. Quanto ao modelo, não precisa ser uma imitação mirim do vestido da noiva. Use o bom senso, ouça o que seu estilista tem a dizer e, sobretudo, deixe que a mãe da criança também participe: ela vai ficar encantada e pode sugerir boas alternativas, além de ajudar você nesses detalhes.

Lista de convidados

A confecção da lista de convidados vai passar por várias etapas, e em todas será permanentemente testado o poder de negociação de todos. Por isso, é bom estarem prevenidos.

É claro que, se for apenas para a cerimônia religiosa, vocês podem simplesmente escolher um local de acordo com o número de amigos e familiares e convidar todo mundo. No entanto, quando se trata da festa, a coisa muda completamente. O ideal e correto é que se convide para a festa todos os que foram convidados para a igreja. Mas não é isso que acontece e, infelizmente, na maioria das vezes, os noivos e suas famílias veem-se obrigados a recorrer ao deselegante "vale-empada" – aquele cartãozinho que vem anexado ao convite de apenas alguns felizardos convidando-os para a festa.

Sempre um susto!

Alódia Guimarães afirma que, no Ceará e em todo o Nordeste, dificilmente as pessoas confirmam presença. E acrescenta que é dificílimo calcular quantidades para serviço e bufê. Segundo ela, no dia é que se vai saber. E "é sempre um susto"... Nesse caso, a única solução – ainda assim apenas atenuante – é fazer uma confirmação ativa com alguém ligando um por um...

Não gosto desse expediente e acho que vale a pena fazer um esforço e reduzir os convidados para um número real de amigos mais íntimos e compatível com o espaço da comemoração.

Uma pré-lista ajuda

O estilo do casamento também é decidido pela quantidade de convidados. Por isso, comece com um número que possa circular e se acomodar confortavelmente em sua festa. Depois, divida esse número por quatro. Quatro quer dizer: pais da noiva, pais do noivo, noiva e noivo. No total, são seis pessoas decidindo sobre quem vai e quem não vai à festa. O primeiro passo para simplificar a lista é comparar a relação de convidados de cada um e eliminar os nomes repetidos. Depois, risque aqueles amigos distantes, que moram em outros países, estados ou cidades. Se, ainda assim, for necessário cortar, restrinjam-se àqueles que vocês conhecem bem, deixando de fora os amigos da ginástica ou da empresa.

Para estabelecer isso, defina o quanto antes exatamente a fatia do orçamento que pode ser gasta na festa. Para isso, é necessário que vocês já tenham em mãos um primeiro levantamento de preços de bufês, flores e decoração, pois o cálculo desse tipo de serviço é feito por pessoa. Assim, se vocês sabem que determinado bufê cobra quarenta reais por pessoa e vocês dispõem de 4 mil reais para gastar, já têm o número definido: não mais do que cem pessoas.

Critérios de escolha

Uma vez estabelecido esse número, a não ser que haja um orçamento imenso, é inevitável que vocês tenham de se decidir por alguns cortes. E essa é uma das partes mais delicadas.

Antes de tudo, entre em um acordo com seus pais e sogros quanto à parte que cabe a cada um nessa lista. O ideal é que cada família tenha o direito de convidar 25% do total, e os noivos, os 50% restantes, divididos como acharem melhor.

A melhor maneira de elaborar a lista (e ensinar seus pais a elaborá-la) é procurar seguir alguns critérios.

Afeto – Convidem apenas pessoas de quem vocês realmente gostem e cujo sentimento seja recíproco. Parece óbvio, mas muita gente acaba fazendo enormes concessões por obrigação social ou profissional.

Família – É claro que o casamento, acima de tudo, é uma comemoração familiar. Mas isso não quer dizer que vocês têm a obrigação de convidar todos os 264 membros de cada família, inclusive aqueles parentes que moram em outro estado ou aquele ramo do clã que emigrou para os Estados Unidos e até já mudou a grafia do nome.

As pessoas mais próximas – Um amigo meu diz que jamais se sente obrigado a convidar para ir à sua casa pessoas com quem ele nunca tenha compartilhado um cafezinho na casa delas. Ou seja: aqueles conhecidos com quem podemos até nos encontrar socialmente, mas que jamais se deram ao trabalho de nos receber em casa.

Crianças – Se vocês são jovens, provavelmente os filhos de seus amigos ainda têm pouca idade para uma festa assim. No entanto, se já têm mais de trinta anos aumenta muito a possibilidade de que seus amigos sintam que o convite se estende "automaticamente" a seus filhos de sete ou nove anos. Para quem adora crianças, tem espaço para elas e o orçamento permite um aumento de 20% por conta disso, não há dúvida de que os pequenos podem dar mais calor humano e espontaneidade à ocasião. Eles ajudam a descontrair o ambiente.

Se, por qualquer motivo, vocês acham que a festa não vai comportar um miniexército de baixinhos, não dá para fazer concessões. Comecem por ter certeza de que os envelopes foram sobrescritados sempre com "Sr. e Sra. Fulano de Tal" e não com "Sr. e Sra. Fulano de Tal e família". E torça para que seus amigos respeitem o sobrescrito.

Outra técnica é o boca a boca mesmo. Sempre que puder, comente com a mãe de filhos pequenos: "Decidimos fazer a festa sem as crianças, sabe? Assim os pais terão uma noite de folga, poderão curtir de verdade"...

Comuniquem às famílias

Uma vez que vocês entrarem em um acordo quanto à forma de selecionar os convidados, é muito importante que as respectivas famílias também estejam sabendo como vocês agiram. Até porque eles devem enfrentar as mesmas dificuldades para encaixar amigos em um número limitado de convites e vão achar uma bênção ter um ponto de partida para fazê-lo.

Vão compreender muito mais quando vocês lhes pedirem que cortem esta ou aquela pessoa se souberem como estão fazendo.

Lista de presentes

Não é absolutamente deselegante fazer lista de presentes. Pelo contrário. Você não imagina quanto isso facilita a vida dos convidados. Além de evitar horas de indecisão na loja de presentes, pensando em como lhe agradar, escolhendo um item da sua lisa eles têm certeza de que estarão contribuindo com um presente realmente desejado e não apenas com mais um cinzeiro de cristal.

Vantagens de fazer a lista:

- Você economiza tempo e dinheiro.

- É possível ganhar tudo (ou quase tudo) que você sempre quis, de uma vez só.

- Aumenta o ibope com sua mãe e sua sogra. Elas adoram ajudar na elaboração da lista. Aceite as sugestões: muitas vezes serão dicas preciosas que não ocorreriam a vocês. Se mais tarde não quiserem colocar em prática os conselhos, não faz mal. Mas o fato de incluir mãe e sogra nesse momento é mais importante – tanto para elas quanto para você – do que imagina.

- Antes de fazer sua lista na loja ou virtualmente, ouça o que casais amigos que se casaram recentemente têm a dizer. Eles podem dar ótimas dicas, e têm mais prática nesse assunto do que você. Anote o que achar interessante, desde materiais mais práticos e resistentes até o que for mais fácil de trocar, bem como o nome das lojas que oferecem mais opções ou melhores condições.

- Vale a pena gastar mais tempo e preparar a lista em casa com cuidado. Assim poupará seu tempo e o da vendedora. Além do mais, isso facilita o trabalho de comparar o que você já tem com os itens disponíveis no local.

Você vai ganhar alguns itens repetidos, mas vai poder trocar com facilidade, com toda a calma do mundo, depois do casamento.

Use a troca em seu favor: esse é um dos momentos gostosos, pois você está longe da pressão pré-matrimonial e pronta para raciocinar com calma.

Importante: se possível, dobre o número de faqueiros. E, se puder, troque-o por um de prata ou prateado. O faqueiro é uma das peças mais caras, e você irá usá-lo a vida toda. Também não tenha dúvida em dobrar o número de copos. Eles quebram facilmente e nunca são de mais.

Aqui vai uma lista sugerida:

- 2 jogos de pratos rasos, fundos e de sobremesa para doze pessoas (alguns jogos vêm com pratinho de pão)
- 1 faqueiro para doze pessoas (dê preferência aos de prata, pois, além de durarem mais, enfeitarão sua vida. Escolha o que vem com talher de peixe, embora sejam raros)
- 18 copos para água, vinho tinto, vinho branco e champanhe (jogo)
- 12 copos avulsos de água
- 12 copos de licor
- 12 copos de bar longos
- 12 copos de bar curtos
- 12 copos altos ou canecas para cerveja
- 12 copos de vodca
- 12 copos de martíni (com base alta e formato triangular)
- Jogo de travessas em cerâmica ou louça para servir, sopeira e molheiras
- Jogo de travessas em prata ou prateado para festa, com sopeira e molheiras
- Jogo de chá: bule, açucareiro, leiteiro (o de prata dura mais e combina com qualquer jogo de xícaras)
- Jogo de bule e açucareiro para café (de prata, opcional)
- Jogo de xícaras de chá e café da manhã com pratinho combinando (jogo para oito ou doze pessoas)
- Jogos de xícaras de café
- Manteigueiras, potes de mel e de geleia
- Faquinhas de manteiga e patê
- Jogo de talheres para servir à mesa
- 2 saladeiras (uma menor e uma maior)
- 2 fruteiras (idem)
- 2 molheiras
- 3 travessas refratárias (pirex) retangulares (duas maiores e uma menor)

- 2 travessas refratárias ovais (opcional)
- Porta-travessa refratária correspondendo aos tamanhos escolhidos
- 12 taças ou cumbucas para sorvete e salada de frutas
- Talheres para salada
- Garfo e faca de trinchar
- Espátula para bolo
- 12 lavandas (opcional)
- 12 sousplats (opcional)
- Bandejas redondas e retangulares de vários tamanhos

Uma vez esgotada essa lista básica de utensílios ligados à mesa e cozinha, você pode se divertir escolhendo outros objetos para a casa, como vasos, cinzeiros, potes para banheiros, objetos de escritório e enfeites em geral.

Atenção: micro-ondas, freezer e máquina de lavar louça normalmente não são incluídos na lista de presentes, por serem mais caros e, geralmente, oferecidos pelo padrinho ou por alguém muito íntimo.

Em tempo: independentemente de sua condição social e financeira (e da de seus amigos) é muito, mas muito deselegante mesmo fazer uma lista apenas com itens caros ou exclusivos. Virou moda vermos nas listas baixelas de prata inglesa, aparelhos de som supersofisticados e outros itens de luxo que custam o equivalente a um salário de presidente de multinacional. Isso, ao contrário de ser elegante, demonstra apenas mau gosto e voracidade. Segure a onda.

Onde deixar a lista

O mais natural é que você escolha a loja que mais opções lhe ofereça. Atualmente, boa parte das lojas oferece, além da lista, a possibilidade de acompanhar on-line. Você também pode fazer sua lista em mais de um lugar. Assim, terá a alternativa de fazer a básica em uma loja maior e a de suas preferências em outra loja mais personalizada. Com a lista em até três lugares diferentes você terá uma boa variedade e não vai ficar louca na hora de trocar o que veio em dobro.

Antes de fechar definitivamente com a loja, informe-se de todas as condições que ela oferece. Algumas perguntas são fundamentais.

- Vou poder trocar todos os presentes?

- Há um prazo para troca?

- No caso de presentes físicos, em que condições devem estar para serem trocados? Na caixa? No celofane?

- Posso trocar um item por qualquer outro?

E por aí vai. Esclareça todas as suas dúvidas antes de se decidir.

- **Nem pense** – Nunca, mas nunca mesmo, mande uma relação das lojas onde você fez sua lista com o convite de casamento. Você pode até divulgar entre amigos mais próximos e as famílias, mas jamais coloque cartões ou referências a lojas em seu convite.

A única exceção é se os noivos forem morar fora do país e quiserem divulgar a loja virtual ou a cidade de destino para facilitar a entrega aos convidados.

- **Agradecer os presentes é fundamental** – Organize-se de forma a facilitar sua vida. Assim que receber qualquer presente, anote no próprio cartão com os votos de felicidade o que foi que aquela pessoa lhe mandou e guarde em uma pasta reservada apenas para cartões. Quando for agradecer (e sim, tem de ser por escrito) será muito mais fácil localizar quem mandou o que com o respectivo endereço. E você será muito mais atenciosa se agradecer com o texto:

"Adoramos o lindo vaso de cristal" do que se rabiscar um obviamente comercial "Agradecemos o lindo presente". Não perca a chance de ser elegante.

Enxoval: precisa sim!

Por mais moderna que seja, você vai precisar de lençóis, toalhas de banho, de mesa e uma infinidade de outros itens que serão extremamente bem-vindos na hora em que se mudar.

Só para você se orientar, aqui está uma lista básica:

- 5 jogos de lençóis para casal
- 2 jogos de lençóis para solteiro (para hóspedes ou empregada)
- Fronhas extras em cores lisas combinando com os lençóis
- 2 cobertores de casal grossos
- 1 cobertor fino ou manta de casal
- 2 cobertores de solteiro
- 1 edredom
- 1 colcha de piquê para casal
- 4 jogos de toalhas de banho e de rosto de casal
- 2 jogos de toalha pequenas de rosto e banho avulsas, com tapete
- 4 ou 6 toalhinhas pequenas de lavabo (em linho ou atoalhadas)
- 1 toalha de mesa branca, fina, para festas (assim que você souber o formato da mesa)
- 4 toalhas de mesa, para uso diário, com guardanapos
- 8 a 10 guardanapos brancos, avulsos (extras, para dias de festa)
- 12 guardanapos pequenos para aperitivo
- 2 conjuntos de jogo americano, para oito a dez pessoas
- 2 ou 3 conjuntos de jogo americano para casal, plastificado ou lavável, para o café da manhã
- 2 ou 3 conjuntos de camisola/pijamas e penhoar
- 3 ou mais conjuntos de lingerie

Impressos e convites

Na verdade, o convite do casamento, com seus dizeres, a cor e a textura, é que vai indicar o tom da comemoração. O convite é o primeiro sinal formal de que vai realmente acontecer esse casamento. Daí a importância de que seja, além de bonito, correto, com todas as informações necessárias.

E, não, ainda não é considerado elegante um convite por e-mail, Facebook ou qualquer outra ferramenta virtual. Chegaremos a isso, sem dúvida, mas ainda não é o caso.

Gráficas

Dica importante: peça descontos descaradamente. Elas podem e devem fazer preços especiais, além de "pacotes de impressos". Por exemplo, procure saber se, encomendando seus convites, eles lhe fornecem de graça os cartões com o novo endereço do casal.

É importante pedir para ver ao vivo as amostras do trabalho em questão. Não adianta ver fotos: você precisa sentir a textura do papel e ter noção do volume e do peso, até mesmo para o caso de decidir enviar pelo correio.

Peça um contrato por escrito determinando:

- Quantidade de convites
- Quantidade de envelopes (encomende mais envelopes do que convites, pois erra-se muito na hora de sobrescritar)
- Prazo de entrega
- Em caso de erro deles, que não seja cobrada a segunda leva
- Quantos convites extras podem ser pedidos no mesmo orçamento?
- Data de entrega da primeira prova (no mínimo dois meses antes da data, pois, se houver erro, é preciso tempo para corrigir)

Formatos de convite

Algumas pessoas têm a noção equivocada de que, quanto maior, mais "rico" o convite. Mais caro, com certeza. Mas também mais desajeitado e deselegante.

É claro que você não vai fazer um convite mesquinho em que mal cabem os dizeres. No entanto, os enormes, do tipo "panfletos", são medonhos.

Uma boa medida é de 20 por 16 centímetros a 20 por 26 centímetros. Não caia em formatos maiores como 20 por 28 centímetros ou mais. As gráficas adoram dizer que é chique, pois, quanto mais papel for usado, mais elas faturam.

Você também pode escolher um convite vertical duplo. Um formato muito requintado é o de 22 centímetros de altura por 16 centímetros de largura. Esse tamanho de convite é mais elegante do que o dos convites horizontais, abertos e enormes. Aliás, quando você se sentir tentada por um convitão, lembre-se do ditado: "Tamanho não é documento".

Tipos de impressão

Fique espertíssima quanto a isso! Existem vários tipos, e as gráficas adoram empurrar os mais caros, sempre alegando que "este é o que se usa". Não caia nessa, confira tudo!

- **Relevo de chapa manual** – Custa o dobro ou o triplo dos outros. E esteticamente não faz grande diferença, quando comparado àqueles. É muito elegante, mas não vale o preço, a não ser que esteja sobrando dinheiro.

- **Relevo americano** – É muito usado, fica ótimo e não é tão caro.

- **Timbrado em alto-relevo** – É uma mistura de tinta e cola que dá um efeito em que as letrinhas aparecem altas e brilhantes. É de gosto duvidoso, para não dizer de mau gosto mesmo. Há quem ache de mau gosto, mas o custo/benefício compensa. É muito usado para convites de casamento e festas de quinze anos.

Tipos de letra

Não invente muito. Quanto menos rebuscada, melhor. E a cor da tinta também deve ser preta ou grafite (fica até mais leve).

Papel

Pode ser cuchê, verger importado ou não. O importante é que seja um papel branco, perolado ou, no máximo, creme clarinho. Fuja dos tons de rosa, azul-celeste ou os modernosos em tons cítricos. Quanto menos você inventar, melhor; afinal de contas, é um convite de casamento e não um concurso de criatividade.

É preciso ser coerente também: se você escolheu se casar na igreja, com todo o ritual tradicional, não é na hora do convite que vai extrapolar, não é? Portanto, fuja de tons e sobretons, letras ouro ou prata e materiais modernos, como PVC e emborrachados. A não ser que seu casamento vá ser absolutamente *high-tech*.

Monograma ou não?

É triste, mas verdadeiro: o envelope é a primeira coisa que vai para o lixo. O que fica é o convite, como lembrete da data e do local do evento. O monograma também encarece o convite. Assim, economize e, se fizer mesmo questão, faça um convite duplo com monograma na capa do convite e não do envelope.

Dizeres do convite horizontal

Nesse caso, o nome dos pais da noiva está sempre à esquerda e o dos pais do noivo, à direita. É importante que se coloque o nome completo das mulheres, abolindo a odiosa e machista forma "Sr. e Sra.", que despersonaliza completamente a pobre senhora.

Assim:

Angelina Muniz de Souza — Paula Marques Siqueira
Ângelo de Souza — José Roberto Siqueira
Convidam para a cerimônia religiosa do casamento de seus filhos
Carla e André
A realizar-se às dezenove horas do dia 4 de janeiro na
Igreja do Perpétuo Socorro, na praça do Espírito Santo, número 26.
São Paulo, XX de setembro de dois mil e XX.
(endereço dos pais da noiva) — (endereço dos pais do noivo)

Dizeres do convite vertical

São basicamente os mesmos, apenas dispostos de maneira a caber no formato vertical.

Quando todos são convidados para a festa

Nesse caso pode-se colocar logo abaixo do endereço da igreja: "Após a cerimônia o Sr. e a Sra. Ângelo de Souza convidam para uma recepção na rua tal, número x". Aqui, o antipático "Sr. e Sra." justifica-se pela economia de espaço, uma vez que o nome da "Sra."

já veio escrito por extenso em cima. Quando as duas famílias estão arcando com despesas da festa, deve constar o nome de ambas.

Evite, evite, evite

Não caia na tentação de colocar termos pomposos e solenes em seu convite de casamento. Além de pedante, isso dificulta a compreensão. Nada de: "têm a honra de convidar" ou "têm o prazer de contar com sua presença". É muito melhor ser objetivo.

A expressão "participam o casamento de" deve ser usada apenas em participações enviadas após o evento e não em convites. Já vi muita gente receber um convite com esses dizeres e ficar na dúvida se era um convite ou apenas uma participação.

Quando um dos pais já morreu

Pode-se colocar o nome do viúvo e o do falecido com um "*in memoriam*" entre parênteses. Assim:

Angelina Muniz de Souza
Ângelo de Souza (*in memoriam*)

Há quem não goste dessa forma por achar que é estranho um espírito convidar, mesmo que *in memoriam*. No entanto, isso depende da vontade de cada um. É importante constar o nome dessa pessoa no convite, pois serve para que os convidados o localizem no contexto.

Quando os noivos são mais velhos e independentes

É natural que nesse caso eles próprios queriam convidar. Não há problema. Assim, nos dizeres, deverá constar o nome deles:

Liana Aguiar e David de Morais

Convidam para a cerimônia religiosa de seu casamento etc. etc.

Quando a noiva é viúva

Se os pais dela é que estão mais uma vez dando uma festa para a filha, o convite deve ser igual ao de uma moça solteira. E a noiva em questão usará o mesmo sobrenome que utilizou quando casada e até então.

Quando os filhos convidam

Hoje, cada vez mais vemos duas famílias já constituídas se unindo. Quando os filhos já são adultos e fazem questão de convidar, é o nome deles que constará no lugar dos "pais dos noivos".

Se forem numerosos, deverão aparecer por ordem de idade (os mais velhos primeiro), os filhos da noiva à esquerda, e os do noivo, à direita. Assim:

José Pereira da Silva	Mirela Khoury
Ana Luiza Pereira da Silva Guedes	Laís Khoury Lima
	Luis Khoury

Convidam para a cerimônia religiosa do casamento de seus pais

Adélia e Habib

A realizar-se às dezenove horas do dia etc. etc.

Cartão do casal

Independentemente de ter conseguido ou não incluir o cartão do casal no pacote, aproveite, já que está usando os serviços da gráfica, para encomendar o novo cartão de vocês. Ele pode ser duplo ou simples. O duplo é mais elegante e serve para diversos tipos de mensagem. Os tamanhos padrão são:

- Duplo: aproximadamente seis por dez centímetros.
- Simples: aproximadamente cinco por oito centímetros.

Os nomes vão impressos na parte da frente: o nome completo da mulher, em cima, e o do marido, embaixo. Assim:

Maria Toledo Piza
Moacyr Piza

No caso do cartão específico para agradecimento dos presentes, na parte de dentro irão os dizeres: "Agradecem o lindo jogo de copos e oferecem sua casa na rua x, número y".

Se você já tem casa própria ou tem certeza de que vai ficar por bastante tempo nesse endereço, pode optar por imprimir o endereço novo nos envelopes. Dentro, os dizeres se limitarão a "Agradecem o lindo jogo de copos e oferecem sua casa".

Pode ser um pouco mais caro, mas é muito mais elegante e superprático, pois você vai usar esses cartões em muitas outras ocasiões, sem falar que será muito mais simples conseguir envelopes lisos, se você quiser.

"Vale-empada" e RSVP

Quando apenas uma parte dos convidados da igreja é "escolhida" para participar da festa, usa-se um prático, porém antipático, cartãozinho anexado ao convite com os dizeres: "Após a cerimônia, o Sr. e a Sra. Evandro de Castro convidam para uma recepção na rua tal, número x".

Nesse caso, coloca-se o nome de quem está convidando. No caso de as duas famílias convidarem, constará o nome de ambas.

O "vale-empada" não é a solução mais elegante e vem sendo cada vez menos usado... Se você optar por esse sistema, certifique-se de que os convites que estão com o cartãozinho sejam de fato endereçados às pessoas que você quer que compareçam à festa. Esse tipo de confusão é muito frequente e causa tremendos mal-entendidos, difíceis de resolver depois.

Acrescenta-se também, abaixo e à direita, os dizeres "RSVP", que quer dizer em francês "*Rèspondez, s'il vous plaît*" (responda, por favor). Pessoalmente, acho a forma em português, muito mais natural e simpática: "Confirme sua presença pelo...".

O RSVP normalmente vem acompanhado de um número de telefone e eventualmente o nome da pessoa que aguarda sua resposta. Ou o endereço de e-mail específico para isso.

Essa pessoa pode ser uma secretária, alguém do bufê ou um serviço terceirizado. O importante é que ela mantenha um controle preciso das confirmações.

Aproveite e deixe-a devidamente munida de uma série de informações que os convidados possam pedir:

- Mapa da igreja e do local da festa
- Local das listas de presentes (apenas para o caso de perguntarem, jamais para informar espontaneamente)
- Cor da cozinha do casal (para eventuais presentes de chá de cozinha)

Dessa maneira, você vai economizar um tempo enorme, pois, na falta de alguém, as pessoas acabam telefonando para a própria noiva com as dúvidas mais descabidas, justamente nos dias que antecedem o casamento, quando ela está mais ocupada.

MÁRIO AMENI

Ele é sério e tem uma invejável capacidade de circular pelos ambientes sem ser notado. Tem uma memória de elefante para nomes, rostos e números que, somada a seu lado ninja, faz com que raramente se engane quanto a quem é quem, suas preferências e manias.

Mas o que faz de Mário um cerimonialista disputado quando o evento requer uma organização acima da média é o fato de sua capacidade de prever e solucionar problemas discretamente só se equiparar a seu irritante perfeccionismo.

Ele é o homem-detalhe. E o fato de ter passado boa parte de sua carreira em Brasília às voltas com as minúcias intricadas de eventos políticos lhe conferiu um rigor que acaba sendo bem-vindo quando se trata de planejar e executar operações com logística e segurança mais complicadas.

Mário esteve por trás da organização da visita de sua Santidade, o Papa Bento XVI quando ele esteve em São Paulo e, na época como Chefe do Cerimonial do Governo do Estado de São Paulo, fui testemunha do quanto ele insistia literalmente arrancando os cabelos para que tudo fosse checado e rechecado e nada fosse deixado ao acaso.

Seu conhecimento em cerimonial foi adquirido ainda na juventude. Trabalhando nos Correios e Telégrafos em Brasília, foi designado para a área de Filatelia, na qual, quase diariamente, ocorriam lançamentos de selos com eventos. Em pouco tempo reconheceu ali sua vocação.

Ainda na capital, dois personagens foram fundamentais em seu modo de fazer as coisas: o embaixador Sérgio Seabra de Noronha e seu irmão, o general do Exército Inaldo Seabra de Noronha. Com o embaixador, aprendeu as nuances da diplomacia e, com o general Inaldo (que representava as Forças Armadas brasileiras em todas as competições mundo afora), incorporou a precisão e o rigor no planejamento e na organização de seus eventos.

Assim sendo, é natural que seja chamado em casamentos de grande porte ou com a presença de celebridades. Ele não se deslumbra com o sonho e trata de garantir que a festa aconteça de forma segura e organizada.

Em um desses eventos estrelados, com convidados vindos de todas as partes do mundo, recorda-se de ter orientado a organização para construir uma megatenda com mais de quinhentos metros quadrados ao lado da edificação principal para abrigar os seguranças e motoristas que somavam mais de quatrocentas pessoas.

Sua preocupação tinha fundamento: com 1.200 convidados VIPs, sendo que a metade viria do exterior, era natural que o staff aumentasse. Junte-se a esses os seiscentos profissionais envolvidos diretamente na organização do casamento e o número saltava para mil! Ora, essas pessoas não poderiam ficar aglomeradas no meio da rua – era preciso providenciar uma estrutura para recebê-las, e assim foi feito.

Mesmo com todo esse cuidado, ainda houve contratempos: dois dias antes uma ex-namorada do noivo ligou dizendo que iria à festa para acabar com a alegria de todos. Nervoso, o noivo deu ordens expressas a Mário para que organizasse uma checagem na porta da festa não apenas do nome e convites, mas que também pedisse para acender as luzes internas dos carros para checar se a fofa não havia se esgueirado com algum convidado.

Foi das grandes saias justas que ele teve de enfrentar – e, embora fosse dificílimo manter a elegância nessa circunstância, acabou levando a cabo a missão. É claro que a fila de carros começou a comprometer o trânsito e os convidados mais apressados desciam do carro e chegavam a pé à réplica do castelo francês de quatro pavimentos, construída especialmente para a ocasião.

E ao chegar, o deslumbre: no teto milhares de cristais Swarovski faziam o efeito de estrelas, compondo o espetáculo com dezenas de majestosos lustres que iluminavam o ambiente.

Sua obsessão pelo detalhe sempre se justificou: em outro casamento, a família toda do noivo vinha do México, com direito a *mariachis* e tudo. No cardápio, entre outras delícias, alguns pratos à base de camarão.

A mãe do noivo, às duas horas da madrugada, já feliz, cantando ao som dos *mariachis*, esqueceu que era alérgica e comeu duas bocadas. Foi o que bastou para que passasse malíssimo, com a glote entupida, sem respirar. Mas nosso homem-detalhe havia providenciado não uma ambulância, mas uma UTI móvel que prontamente ministrou os primeiros socorros e a levou para o hospital, onde terminou a festa em segurança...

Mas suas lembranças como cerimonialista não se referem apenas a logística e segurança. Mário paga micos homéricos. Em um desses casamentos estrelados, uma celebridade lindíssima e praticamente nua, perguntava onde poderia acomodar a meia dúzia de bem-casados que queria levar sem que vissem.

Mário preferiu não fazer sugestões e polidamente se ofereceu para acompanhar a moça até o carro. Longa jornada: juntos atravessaram o salão enquanto ela parava, se despedia e posava para fotos, e ele, quase um poste, com as duas mãos transbordantes de bem-casados...

Nem tudo é luxo e beleza em megacasamentos – e os cerimonialistas sabem disso. Mas há situações em que todo jogo de cintura é pouco. Como o casamento da filha de um conhecido político cheio de autoridades presentes: prefeito, governadores e outras autoridades políticas já estavam devidamente acomodados no salão do bufê onde seria a cerimônia. Tudo pronto e organizado e eis que avisam que chegara a celebrante.

Mário viu uma senhora gorducha e baixinha se aproximar do altar, tirar de uma sacolinha plástica uma túnica azul que vestiu, tal qual uma maga das antigas, e começar a arrumar uma série de apetrechos estranhíssimos sobre a toalha.

Claramente era um ritual diferente. Porém, com uma eterna culpa no cartório (e algum rabo preso) alguns dos políticos ficaram incomodadíssimos – achando que aquilo continha algum tipo de exorcismo de alcance político que poderia atingi-los.

Mário bem que tentou fazer graça com eles e aliviar o ambiente. Mas essa foi uma das raras vezes em que nem todos os seus planos B e C (que sempre tem na manga) foram completamente inúteis. Mais ainda quando descobriram que a excêntrica oficiante era ninguém menos que a mãe do noivo... Aleluia.

Outro mico memorável aconteceu na porta da igreja com uma noiva muito jovem e suave. Enquanto esperavam para a abrir a porta, Mário reparava na beleza da moça e saiu de seu devaneio quando ela, de braço dado com o pai, falou olhando para ele: "Faz um favor pra mim?".

Antes mesmo de ele responder, quase engasgou ao ouvir: "Arruma meu peito pra mim?".

Céus! Por mais profissional que fosse, sua compostura rigorosa não lhe permitiria enfiar a mão no decote da moça com o pai a meros vinte centímetros – nem que fosse para "arrumar o peito".

Já pensava em como escapar quando foi salvo pelo estilista, que estava atrás dele (e com quem ela havia falado na verdade) e prontamente cedeu ao pedido da moça sem o menor problema.

CAPÍTULO 4

Cerimônia, escolha da igreja e do templo

Apenas uma religião

Quando os noivos têm a mesma religião, a escolha da igreja fica bem mais simples. É preciso, apenas, seguir alguns critérios para facilitar as coisas:

- **Tamanho** – Ela deve comportar todos os convidados, confortavelmente. Assim, se o sonho de vocês é se casar naquela capelinha do bosque, que marcou sua infância, desista de um casamento grandioso.

  Praticidade da localização: o ideal é que a igreja seja perto da casa da noiva (ou de onde a noiva vai sair) e, se possível, próxima ao local da festa também.

- **Critério afetivo** – Se um de vocês tem uma ligação forte com determinada paróquia e sabe que vai se sentir bem se casando lá, não se deixem levar pela ideia de que a outra igreja é maior, está "na moda" ou é mais bonita.

Uma vez escolhida a igreja ou o templo, antes de fechar a data informe-se sobre sua infraestrutura. Não tenha o menor pudor de perguntar absolutamente tudo. E não se esqueça de que você estará pagando uma taxa que deve garantir sua satisfação nesse departamento.

- Quais serviços ela oferece?
- Como é a instalação de som?
- Tem gerador? Qual sua capacidade?
- Quais enfeites ela fornece?
- Tem algum decorador específico?
- O curso de noivos é obrigatório?
- O curso de padrinhos é obrigatório?

- Pode-se levar um padre de outra paróquia para celebrar a cerimônia?
- Quando são permitidas fotos? E como?
- Quantas câmeras podem ser usadas e qual o limite para instalações elétricas?

Religiões diferentes

Se vocês nunca pararam para pensar muito nesse assunto – afinal, o que importa mesmo é o amor que sentem um pelo outro e o respeito que vocês têm pelas respectivas religiões –, agora é o momento de rever, com calma, suas posições.

Essas dúvidas são até naturais e, por isso mesmo, vocês devem conversar longamente sobre todas as questões que ainda não foram levantadas. Se um dos dois precisa se converter, as providências devem ser tomadas e, o que é mais importante, todos devem estar de acordo e felizes. Não adianta mudar de religião se seus pais vão achar o fim do mundo, ameaçando estragar o grande dia.

Por isso, quanto mais cedo comunicarem a decisão às famílias, melhor. Sobra mais tempo para eventuais ajustes.

Música na igreja

Esse é um momento que pode ser difícil para os noivos, se eles não estiverem familiarizados com o repertório de música sacra ou erudita.

Assim, saibam que podem e devem escolher com calma entre as muitas alternativas oferecidas pelo repertório erudito sem cair nos conhecidos clichês. Como fazê-lo?

Não é tão complicado assim: se você tem algum amigo músico, ele poderá oferecer algumas sugestões preciosas, indicar peças para ouvir e até emprestar alguns CDs para que vocês escolham.

Fuja dos clichês

Você se considera uma noiva igualzinha às outras? É claro que não! Portanto, tente evitar ao máximo todos aqueles clichês que já cansamos de ouvir em outros casamentos. Você e seu noivo poderão até se surpreender ouvindo com grande prazer um novo tipo de música e relaxando ao som dos compositores clássicos que a gente ouve tão pouco hoje em dia. Reservem algum tempo para isso, e garanto que descobrirão músicas incríveis, que vão despertar lembranças ou imagens importantes.

A música dá o tom da cerimônia

Preste atenção a esse detalhe. Apesar de linda, aquela peça pode ser solene demais para o momento dos cumprimentos, em que seria preferível uma melodia mais leve. A música de saída pode ser mais animada do que a da entrada, e a do momento da bênção, mais delicada. Discuta isso com os músicos e deixe bem claro o que deve ser feito e como.

Tenham em mente um detalhe importante: sempre que escolherem um coral ou uma orquestra, perguntem quantas pessoas são necessárias para executar a peça que estão encomendando. Não adianta nada se apaixonar pela "Nona Sinfonia" de Beethoven, se o orçamento não permite o número ideal de músicos. Isso é muito importante, pois, às vezes, alguém pode dizer que dá para tocar essa sinfonia em "versão reduzida". O efeito é decepcionante e, nesse caso, sempre vale mais a pena escolher outra música.

Economize com a harpa

Dependendo do clima que vocês quiserem criar, lembre-se da harpa. É um som absolutamente deslumbrante e delicado. Pouquíssimas pessoas recorrem a ela, e basta uma para encher de magia o ambiente. Pode ser muito mais vantajoso (além de mais bonito) do que contratar um coral de sessenta pessoas. Você vai se surpreender com seu efeito: apenas algumas cordas poderão criar, com muita originalidade e sem grandes complicações, um clima maravilhoso.

Igrejas e templos: respeite e compreenda

Recentemente fiquei danada da vida quando uma amiga, mãe de noivo, muito aflita veio me contar que estava numa saia justa, pois a cerimonialista do casamento do filho havia dito que os padrinhos não precisavam ficar no altar, porque isso "não se usa mais".

Como assim não se usa mais?! Sei que há muita gente fazendo casamentos com cortejo para entrar ou mesmo sem cortejo para sair ou ainda com padrinhos sentados nas primeiras fileiras (que no caso de casamentos no Nordeste e no Centro-Oeste é comum, e até compreensível, devido à grande quantidade de padrinhos, que podem chegar a quarenta!).

Porém, uma coisa é você adequar o espaço devido a um costume regional – e, portanto, uma tradição cultural – e outra muito diferente é começar a inventar e inverter conceitos com a fraca desculpa de que "não se usa mais".

Quem disse que não se usa? Por quem foi decretado que não se usa? Na igreja e em templos em geral, o "Não se usa" deve ter o aval da autoridade máxima para modificar um ritual. E nesse caso seria o papa. Ora, não existe "não se usa" porque não está na moda. Ok, talvez a moça em questão tenha tido um particular com sua Santidade, o Papa, que lhe comunicou em primeira mão que não se usa – mas duvido.

Alguns cerimonialistas novatos tendem a inventar uma série de "agora se usa" para vender ideias que, na verdade, nem eles mesmos sabem explicar.

No caso de igrejas e templos é preciso cuidado redobrado para não entrar em ciladas e cair no ridículo. Para começar, se você está optando por um ritual religioso, qualquer que seja ele, é preciso entender que o ritual não muda de acordo com os caprichos do cerimonialista ou os sonhos dos noivos. É exatamente o contrário: eles é que devem perder um tempinho para compreender melhor o que vai significar aquele trajeto pela nave, além das fotos e dos olhares dos amigos registrando o modelito da roupa.

De modo que sacuda a preguiça e vamos lá!

Todo templo é a casa de Deus – Independentemente de que casa e do Deus em que você acredite, o templo é a habitação desse Deus na terra, o lugar da Presença real.

Hindus, ou budistas, os templos têm a estrutura horizontal da mandala que é a do cosmo. Cristãos ou muçulmanos apresentam em sua cúpula a estrutura hierarquizada dos três mundos.

O templo também simboliza o corpo da Pessoa divina, corpo do Cristo estendido sobre o plano cruciforme da igreja, cuja cúpula representa o coração.

Tudo nessa edificação tem um significado. Daí a necessidade de entender o sentido de entrar, passar por cada recanto sagrado desse local e lá receber os sacramentos. Acha bobagem?

Então experimente ir a um hospital para fazer uma cirurgia e chegar ao centro cirúrgico às cegas, sem conhecer o percurso ou compreender por onde está passando. Não vai dar, certo?

Detestou o exemplo? Tem outro: em um show de rock, entendemos o significado de tudo que nos cerca. Das luzes fortes, às caixas de som, a cenografia imposta, a dimensão do palco, a altura do palco, as passarelas, onde o artista transita mais próximo dos seus fãs – tudo isso foi feito para que o espetáculo funcione, senão a energia não flui, certo?

Pois da mesma maneira, para se sentir mais segura e em sintonia com seu casamento, é preciso ter esse mesmo tipo de percepção quando adentrar a Casa de Deus.

Acredite: não é o caso de inventar moda com templos e rituais: eles têm os seus e – não custa lembrar – são sagrados e merecem respeito.

A porta – É o local de passagem entre dois mundos, entre o conhecido e o desconhecido, a luz e as trevas, o tesouro e a pobreza.

A nave central – Dentro do Templo representa o Corpo Sagrado e é para induzir ao exercício de caminhar em busca da luz, da sabedoria. A cada passo dado, inúmeros pensamentos surgem, inúmeros perdões, inúmeras lembranças.

Nesse trajeto, entende-se que, ao caminhar olhando para os lados, perdemos o foco do nosso destino. Porém, quando se caminha olhando apenas esse foco, perdemos todas as belezas e surpresas do caminho. Na vida é fundamental encontrar o equilíbrio: manter o foco, mas sem perder a beleza de viver.

O chão, quase sempre trabalhado em losangos, pretos e brancos, (ou com contraste claro-escuro) representa os dilemas que vivemos em todos os momentos mundanos. Mostra a importância de distinguirmos o certo do errado, dizer sim ou não, a verdade ou a mentira. Enfim, toda a dualidade da vida mundana.

As doze colunas dos templos católicos ladeando a nave representam os doze apóstolos de Cristo.

Altar e balaustrada – No fim da nave há alguns degraus e chegamos à balaustrada. Cada degrau representa uma ascensão em busca da luz suprema, da bênção divina. E cada um deles tem um significado: passamos do lugar comum, para um lugar divino, junto à Santa Ceia (representada pelo altar), onde tudo se realiza. Lá comungamos, recebemos o pão e o vinho consagrado, temos a Arca da Aliança. Não é, portanto, um lugar comum – é quase como estar ao lado de Deus, da Suprema Luz, do Divino.

O fato de os noivos receberem toda bênção no altar é exatamente por este estar protegido pela balaustrada e diante de Deus. Os pais e os padrinhos devem estar, pois, posicionados no altar, uma vez que em todos os sacramentos pais e padrinhos serão como guardiões, responsáveis por tudo que virá – desde a ajuda à conciliação ou mesmo o perdão.

✂ **A abóboda** – As cúpulas dos templos, dos mausoléus, das grandes mesquitas, dos batistérios, das salas funerárias são, muitas vezes, consteladas ou ornadas com imagens celestes, anjos, astros, pássaros, carros solares etc. Essas decorações entram em composição com o resto do edifício para representar tudo o que é celeste no conjunto cósmico.

A abóboda dos templos em geral é sempre maior junto ao altar. E a ideia é que, ao olharmos para o céu, no caso para o topo da abóboda, sentimos a convicção do quanto somos pequenos diante da sabedoria divina.

A palavra dita em voz alta é o poder do verbo se materializando. Todo casal está casado quando o padre diz: "*Em nome dos poderes a mim constituídos pela Igreja, eu vos declaro marido e mulher*".

Em um julgamento, um réu é considerado oficialmente culpado depois que o juiz declara em voz firme e forte: "Fulano de tal foi considerado culpado", lendo a sentença em seguida. Mas aquilo tem de ser dito.

Da mesma forma, o amor também tem de ser declarado – além dos gestos de carinho, de afeto. E deve ser dito em vários tons, desde os tímidos sussurros, passando por brados loucos apaixonados até a frase oficial durante o sacramento.

Falamos aqui da igreja como templo católico. Porém, como já disse, em qualquer sincretismo religioso isso também vale. Em qualquer religião, em qualquer lugar do mundo – da mais antiga crença à mais recente igreja fundada – o raciocínio é o mesmo: os rituais têm regras – e estas têm um fundamento. E conhecer e compreendê-los é sempre melhor.

Um casamento diferente

Será que existe mesmo algum casamento que fuja do retrato estereotipado que estamos acostumados a imaginar?

É claro que existe: o seu! Desde que você comece já um trabalho de "desprogramação" de tudo que ouviu sobre casamentos até agora.

Comece por incorporar a ideia de que você e seu noivo são perfeitamente capazes de decidir, juntos, o estilo e o espírito da comemoração que irão protagonizar. E, por isso mesmo, eles devem ter a cara dos dois, estar em sintonia com seu estilo de vida e com sua história. Esse detalhe é que vai fazer a diferença, pode acreditar!

Os casamentos inesquecíveis são aqueles em que se percebe a alegria pairando no ar, em que os noivos estão presentes em tudo, dando o tom da festa. Daí, meus conselhos: incorporem a ideia de que caberá a vocês decidir exatamente o que querem e, a partir daí, juntos, comunicar o fato às duas famílias.

Para que tudo aconteça lindamente, não basta se organizar. É preciso estar realmente preparada. Uma dica: você vai ouvir muitos, mas muitos conselhos mesmo. Da tia, da melhor amiga, do decorador, do cabeleireiro, da sua mãe, da sogra e até mesmo do chefe. Mas atenção: apesar de bem-intencionados, eles não são você e, portanto, não sabem o que você deseja e, muito menos, o que é melhor para o casal.

A ideia deste livro não é impor conceitos ou ditar regras. Pelo contrário. Minha proposta aqui é justamente mostrar o maior número possível de opções para comemorar um casamento. Dessa forma, você poderá fazer tudo de acordo com sua escolha, sem se perder no labirinto de ofertas e conselhos tão frequentes na vida das noivas.

Estilos de casamento

Decidam o que mais lhes agrada.

Antes de entrarem na etapa do planejamento efetivo, é fundamental que saibam bem o estilo de comemoração e cerimônia que vão querer.

Uma vez que os dois já tenham chegado a um acordo, comuniquem às famílias a sua decisão.

Nesse momento, vocês ouvirão todo tipo de palpite e conselho. Resistam! Pensem juntos e levem em conta apenas o temperamento de ambos, seu estilo de vida e o tipo de amigos que vocês gostariam que compartilhassem, com vocês, esse momento. Se levam uma vida tranquila e mais isolada, não tem o menor sentido se obrigarem a protagonizar um casamento imenso e movimentado.

Quem dá o tom e deve se sentir à vontade na festa são vocês dois.

A partir daí, poderão optar por três tipos básicos de cerimônia: ultraformal e glamouroso; tradicional e elegante; e informal.

Noiva, do lado esquerdo... noivo, do lado direito

A razão de a noiva ficar sempre do lado esquerdo do noivo tem sua origem entre os anglo-saxões. O noivo, temendo ataques de rivais e outras ameaças, deixava sempre o braço direito livre para sacar a espada.

Ultraformal e glamouroso

É um casamento grande e, portanto, deve ser feito em uma igreja que comporte muita gente.

Em geral, é uma festa para mais de trezentas pessoas, o que faz com que o serviço seja mais numeroso e, portanto, mais caro. Não dá para convidar tanta gente sem oferecer uma refeição à altura. Esta deve ser servida com todos adequadamente instalados. Isso implica uma decoração mais elaborada e um espaço maior.

Para animar tanta gente, é preciso uma ótima banda ou, no mínimo, um bom DJ ou MC, o que exige um espaço especial para uma pista condizente com o número de convidados.

Se você optar por distribuir lembrancinhas, estas serão muito mais numerosas e deverão acompanhar todo esse glamour.

O véu da noiva deverá ser longo (com, no mínimo, um metro e, no máximo, quatro) e se arrastar pela nave da igreja e durante toda a festa. As madrinhas devem estar vestidas de maneira mais formal, e os padrinhos, acompanhar o traje do noivo – sobre o qual falaremos em detalhe mais adiante. As damas de honra deverão ser, no mínimo, quatro (o que significa ter quatro vezes mais imprevistos durante a cerimônia).

Vocês não terão a menor privacidade: serão super-requisitados por todos e para tudo. Esqueça qualquer momento de maior intimidade com seu noivo durante a festa.

Vantagens: se tudo correr bem, será realmente uma festa inesquecível para todos. Desvantagens: exige cinco vezes mais energia para sua organização e é bem mais caro do que uma festa mais simples. Esse é um dos raros casos em que querer não é poder.

Tradicional e elegante

É o tipo de casamento que estamos mais acostumados a frequentar. Por ser tradicional, implica menos detalhes e inovações, está menos sujeito a erros.

O número de convidados varia de cem a, no máximo, trezentos. Dessa forma, o serviço fica muito mais simples, e até mesmo o cardápio pode constar apenas de canapés e de um a três pratos quentes, o bolo e a mesa de doces, se for o caso.

A circulação é mais fácil, o espaço requerido não é tão grande, mas deve ser igualmente bem planejado. Se seus pais ou avós tiverem uma casa grande, talvez até dê para acomodar todos ali. É uma opção simpática e mais calorosa.

A música pode ser apenas eletrônica, dispensando a presença de um "animador".

O vestido da noiva é longo e tradicional, com qualquer comprimento de véu. O noivo pode escolher entre o fraque e algum terno escuro (mais adiante falaremos em detalhes sobre as roupas).

O cortejo é opcional, mas, se quiser, pode usar uma daminha e um pajem.

Vantagens: você aproveita muito mais cada momento, pois é menos requisitada e mantém o toque de elegância com que toda noiva sonha nesse dia.

Desvantagens: concreta, não há nenhuma. No entanto, este está longe de ser um casamento baratinho, embora existam várias formas de economia. É bom manter os olhos abertos e os bolsos protegidos, sempre que possível.

Informal

Os casamentos realizados de manhã ou à tarde são, normalmente, mais informais, e a característica predominante é a espontaneidade. Isso não quer dizer que os convidados devam dispensar a gravata ou que possam aparecer de jeans e sapato de sola de borracha.

Esse tipo de casamento tem algumas características que o transformam em ocasiões agradáveis e especiais.

O serviço pode ser à americana (os próprios convidados se servem), requer menos gente e você pode optar por um cardápio mais simples, como canapés, espumante e bolo, ou, ainda, um bufê de frios. Fica à sua escolha. Há mais opções, até porque as regras são mais maleáveis em um casamento informal.

A noiva pode escolher entre um vestido longo, no tornozelo e até mesmo um modelo curto. E pode optar ou não pelo véu. O noivo veste um terno alinhado (se for à tarde, grafite ou *bleu noir* – aquele tom de azul-marinho quase preto –, se for de manhã, um cinza mais leve).

É o tipo de casamento que não pede damas ou pajens.

Vantagens: dá menos trabalho e, normalmente, o tom da festa é mais divertido.

Desvantagens: por ser tão descontraído, muitas vezes pode descambar um pouco. Assim, no fim da festa, você pode se ver entre vários convidados bêbados, tentando ser engraçados sem o menor sucesso. Pode não ser exatamente sua ideia de casamento ideal, não é?

Use e abuse da imaginação

Uma vez determinado o estilo do seu casamento, comecem a se divertir, escolhendo um tema. Por que não? Vejam bem, não é porque esse é um momento importante que deve ser solene e sisudo, não é? Aliás, é justamente por acreditar nisso que muitos noivos acabam transformando seu casamento em verdadeiras provas de tédio.

Casamentos temáticos

As alternativas são muitas; basta deixar sua imaginação fluir para planejar uma festa diferente das que estamos acostumados a presenciar. Além dos temas que apresento em seguida, tenho certeza de que você conseguirá pensar em vários outros.

- **Casamento bucólico** – Realizado no campo ou ao ar livre, ou com o tema campestre permeando tudo: as flores são mais delicadas; o figurino, mais romântico; os elementos da decoração podem ser mais rústicos, com um toque "caseiro" simpático, bem como a própria comida a ser servida.

Cenário caro

A tentação de montar uma festa em um cenário bucólico no meio do nada pode ser grande, mas é preciso atentar que, além da trabalheira, a logística é insana: para se ter uma ideia, começa-se com a necessidade de nada menos que cinco geradores: dois para a festa, um para atender a cozinha, um só para o ar-condicionado e um de *stand by*. E isso é o básico do básico para fazer todo resto do equipamento funcionar.

Casamento junino – Esse estilo não significa que a noiva deva se fantasiar de caipira ao lado de um noivo com bigode de carvão. No entanto, alguns elementos folclóricos podem alegrar o ambiente, a comida pode ser típica dessa época do ano e a música pode acompanhar o clima junino. Com certeza é um tipo de festa em que todos se divertem.

Casamento natalino – Se vocês vão se casar em novembro ou dezembro, essa pode ser uma festa inesquecível, uma vez que as pessoas começam a se envolver no espírito do Natal. A cidade fica coalhada de enfeites lindos, alegres e luminosos, que oferecem um milhão de possibilidades para a decoração (e podem ficar mais baratos do que os convencionais).

Casamento étnico – Por que não? Você não precisa ser japonês para gostar de sushi, nem baiano para apreciar a música de Gilberto Gil. Assim, se vocês são fãs de estampas africanas, comida árabe ou música russa, por que não incluir esses elementos na festa? Só não vale misturar tudo. Uma etnia de cada vez.

- **Luaus** – Não são um privilégio dos surfistas havaianos. Devem ser servidos todos os tipos de fruta, batidas de vários sabores, o ambiente com muitos coqueiros e, no inverno, uma fogueira na areia. É claro que funciona melhor se for na praia. Com os milhares de quilômetros de costa que temos, o que não nos falta são praias maravilhosas.

Horários para a cerimônia e para a festa

Uma vez decidido o estilo da festa, você poderá encaixá-la em diversos horários e variar de acordo com os "temas" ou os cardápios. É muito importante observar a conveniência e as consequências de cada um desses horários.

Por que a pressa?

Incrível, mas acontece: em alguns lugares as pessoas estão tão consumidas pela pressa e ansiedade que saem antes da noiva para pegar o carro e chegar logo à festa. Com isso, é frequente a noiva sair com a igreja vazia quase pela metade. Não pode haver maior prova de indelicadeza em um momento como esse. Melhor ir direto para a festa.

Manhã

Vai depender da disponibilidade da igreja. No entanto, prefira sempre o fim da manhã, por volta de onze horas. Haverá tempo suficiente para você e seus convidados se arrumarem com calma e, no caso de uma festa, por volta das catorze horas estarão todos já devidamente acomodados, com canapés sendo servidos exatamente quando começa a fome.

Os casamentos matutinos tendem a ser mais informais, mas podem ser muito caprichados. Certamente o frescor da manhã contribui para que, de alguma forma, as pessoas estejam mais descansadas e mostrem seu lado mais natural.

Devido ao horário, naturalmente é preferível que sejam programados para o fim de semana, quando todos estão mais livres de compromissos.

Em tempo: nas regiões Norte e Nordeste os casamentos matutinos e vespertinos tornam-se quase inviáveis em razão do calor e das fortes chuvas que costumam ocorrer praticamente todos os dias no fim da tarde.

Tarde

Você pode escolher o começo, o meio ou o fim da tarde. Mas terá de combinar com a igreja, uma vez que nem todas abrem nesse horário.

O começo (entre catorze e dezesseis horas) não é tão concorrido. E pode ser uma boa ideia. Você poderá servir um *brunch*, em vez de almoço, que pode se estender por toda a tarde. Assim, quem já almoçou pode apenas lambiscar, e quem tem fome de verdade poderá aplacá-la sem problemas. Aqui vale a mesma precaução recomendada para o matutino: é melhor no fim de semana.

Às dezesseis horas é o horário ideal para quem deseja uma comemoração simples, apenas com espumante, bolo e doces. A luz natural desse momento é muito bonita, como se o mundo estivesse se preparando para repousar (principalmente no campo). Sempre que possível, você deve tirar partido desses elementos.

Uma cerimônia no fim da tarde é uma boa opção para quem deseja uma comemoração com características noturnas, mas que não se estenda muito madrugada adentro. Podem ser servidos apenas canapés, champanhe e bolo, um coquetel mais elaborado ou uma refeição completa por volta das 20h30.

A vantagem desse horário é que todos estão menos cansados. Em cidades grandes, onde a vida é muito movimentada, pode ser um horário complicado para quem trabalha. Tudo vai depender do tipo de vida que você e seus amigos levam.

Noite

Entre 19 horas e 21 horas. Não há dúvida de que a noite tem seu fascínio e apresenta algumas vantagens quando se trata de um casamento. Se quiser um casamento formal, esse é o horário mais adequado. Depois que escurece, já são permitidos mais brilhos nos figurinos e uma decoração mais elaborada e fantasiosa.

Os convidados poderão estar até mais elegantes, mas também estarão mais cansados. É preciso que a festa esteja, realmente, muito animada para durar até a madrugada. Nesse caso, prefiram o começo da noite, no início da semana ou até mesmo num sábado, de forma que comparecer à sua festa se transforme em um programa gostoso e não uma obrigação a mais na agenda.

Atente para o detalhe de que, mais do que nunca, você deve ser rigorosamente pontual. Qualquer atraso implica atrasar todo o serviço, sujeitar seus convidados à fome e ao desconforto, e literalmente dar uma canseira em todos. Atrasos são imperdoáveis em qualquer horário; no entanto, à noite as pessoas são menos tolerantes com isso, pois já estão mais desgastadas.

Quanto mais tarde, pior

Há quem acredite que servindo tarde o jantar a festa dura mais. Mentira. Além da breguice, o que se consegue são convidados famintos, impacientes e mais alterados pela bebida. Se quiser que a festa dure, trabalhe bem o timing e a dinâmica – mas sirva no horário certo.

ALÓDIA GUIMARÃES

Ela respirou elegância praticamente desde o berço – uma vez que passou toda a infância no ateliê de sua mãe, estilista conhecida da sociedade cearense, entre rendas, bordados e clientes perfumadas.

Carmelita, a mãe, havia feito um estágio na Casa Canadá e tinha um estoque sempre muito bem-abastecido de revistas de moda com fotos das últimas criações e desfiles mundo afora.

Nascida em Fortaleza, Ceará, em uma época em que a sociedade era muito mais conservadora, Alódia desde muito cedo conviveu com novas ideias e adorava uma novidade. O momento era pré-internet, e sua ousadia realmente chamava atenção pela coragem e originalidade que ela não hesitava em colocar em prática, como que testando os parâmetros da sociedade local.

Foi a primeira moça a usar preto à noite (em uma cidade à beira-mar, com clima tropical, isso era impensável). Pois, aos dezessete anos ela pensou, ousou e usou. E, tal qual Coco Chanel, lançou moda: a partir daí todas as moças de sua geração ganharam um toque sofisticado ao aderir a "não cor" em suas roupas de festa.

Magra e elegante, era apenas natural que Alódia servisse de modelo para sua mãe quando esta precisava criar e dar acabamento aos vestidos de noiva que atendia. Assim, nunca imaginou fazer outra coisa: o ateliê e sua empresa de eventos foram caminhos naturais, embora nem sempre fáceis ou simples.

Alódia é a rainha do bom senso, mas detesta o óbvio e, animada, está sempre pronta para absorver novas ideias. E sempre foi assim – o que lhe rendeu dividendos vida afora. Com apenas dezoito anos usou como referência uma capa da revista *L'Officiel* e compareceu à tradicional festa de réveillon do Clube Ideal de Fortaleza com nada menos que um arranjo de uvas artificiais nos cabelos!

Foi um sucesso retumbante e, daquele dia em diante, teve inúmeros convites para abrir os desfiles de moda da estação. E não fazia

por menos: desfilava ao som do *paso doble* tocando castanholas – porque coisa fácil e previsível não é com ela.

Alódia, como algumas de suas colegas, estreou como cerimonialista em seu próprio casamento – sem imaginar que aquilo se tornaria profissão e muito menos que ela seria referência no assunto. E foi um casamento com a marca de sua personalidade, misto de ousadia e refinamento.

De cara, não escolheu a igreja matriz, e sim a desconhecida e pequena São Judas Tadeu para a ocasião. Como não poderia convidar todos para uma festa imensa, fez questão de receber os familiares e amigos mais íntimos em um jantar caprichadíssimo para cem pessoas, uma semana antes – já dando o tom do que estaria por vir.

Aí, como não haveria festa após a cerimônia, Alódia tratou de tirar o máximo do "momento igreja". Para isso pediu emprestados os belíssimos castiçais da igreja da Sé, para enfeitar o altar. Forrou a frente da pequena São Judas com tapetes persas e elevou o local de modo a proporcionar o devido destaque à orquestra que tocaria ao vivo!

No grande dia, em vez de passar as horas que precederam o sim no cabeleireiro, Alódia montou pessoalmente todo o cenário para a cerimônia e só foi para casa às dezenove horas para tomar um banho e se arrumar. E chegou linda, pontualmente, em seu próprio casamento – sem um minuto de atraso!

Ela é incansável: quem a vê, chique, com pérolas no pescoço que combinam com os cabelos brancos elegantemente tratados, se engana se achar que é uma senhora acomodada. Ao contrário: é animada, rápida e cheia de soluções tão inesperadas quanto criativas.

Uma das novidades que ainda quer implantar é a de fazer casamentos vespertinos com um belo lanche servido no fim da tarde, seguido de um belo jantar já noite adentro, quando a fome aperta.

Ela tem solução para quase tudo, como no dia em que faltou luz na igreja e o casamento que ela organizava já estava para começar.

Não teve dúvida: em questão de minutos "limpou" os carros estacionados na frente da igreja e posicionou três dos veículos dos convidados com os melhores e mais potentes faróis direcionados para a nave. No momento em que a porta se abriu, o templo foi inundado por luz e a noiva entrou triunfalmente com direito a esse efeito especial – jamais visto em nenhuma outra cerimônia...

Alódia fez praticamente todos os casamentos que se tornaram referência em sua região e, embora seu nicho sejam casamentos, faz eventos corporativos e oficiais com a mesma competência e desenvoltura.

Em uma ocasião em que muitos políticos importantes e assessores estariam presentes, sua missão, a pedido do dono da festa, era encaminhar as mais altas autoridades a um espaço reservado para elas. Sabendo que nesses momentos todos os convidados se consideram VIPs, e desejam tirar uma casquinha, ela, com muita diplomacia, tratou de identificar as autoridades discretamente. Depois, sem muito alarde, orientou sua equipe para que as encaminhasse para a tal sala – apenas os identificados, evidentemente. Estes, então, puderam desfrutar de um mínimo de sossego junto ao anfitrião.

Ela é assim: organizada e prática. E, embora goste de novidades, não admite situações que descambem em constrangimento e vexame.

Por isso estremece ao se lembrar do fenomenal mico que pagou em um casamento em que a noiva insistiu em montar um "*lounge* para distribuir lembrancinhas". Alódia até concordou, mas jamais poderia imaginar que as tais lembrancinhas seriam uma série de produtos que variavam de *gloss* a miniaturas de perfumes, todos acondicionados em uma sacolinha, no melhor estilo brinde!

Resultado: na hora, as convidadas, vestidas de *chiffon* e perfumadas, engalfinhavam-se por uma prenda! A coisa chegou a tal ponto que a festa simplesmente parou e esvaziou durante uma hora!

Consternada, Alódia teve de usar de toda a sua autoridade para anunciar que ou se fazia ordem ou ela simplesmente suspenderia a distribuição das "lembrancinhas-mico"!

Hoje ela se reveza com a filha Samyra na organização de casamentos e festas de quinze anos – e ainda encontra tempo para se reciclar: recentemente participou de um MBA em Eventos de Luxo cuja conclusão incluía uma semana em Los Angeles, Califórnia, acompanhando os últimos preparativos para a festa do Oscar, com aulas magnas com profissionais do mercado de eventos norte-americano.

Vibrou com a oportunidade. Mas, na volta, prevaleceu sua enorme experiência e imbatível bom senso: reconheceu que valeu a pena, claro, mas que, em matéria de solucionar problemas e encontrar alternativas, no Brasil ainda estamos na frente!

Dito pela filha de dona Carmelita que, aos dezessete anos desfilava tocando castanholas ao som do *paso doble*, não tenho dúvidas de que estamos mesmo.

CAPÍTULO 5

Vestido de noiva

Um sonho de tule e renda

Um vestido de noiva pode ser uma visão inesquecível para todos ou uma terrível armadilha para a pobre noiva, que, futuramente, ao se ver no álbum de fotografia, vai se encolher, querendo sumir de vergonha.

Armadilhas de vestidos que não combinam com o tipo físico nem com o temperamento da noiva ocorrem por várias razões. Mas a principal delas é que, nessa fase pré-matrimonial, tanto a noiva como sua mãe saem um pouco de órbita na hora de escolher o vestido. É como se, em meio a todo aquele frenesi, achassem que tudo é permitido. E não é bem assim.

Na verdade não existe moda para vestidos de noiva. Por isso mesmo resista ao conceito – errado – de que tudo é permitido, apenas porque "ela é a noiva" ou "não vou pagar uma fortuna se não puder realizar todas as minhas fantasias naquele vestido".

Fique atenta, pois, muitas vezes, o mercado estimula esse tipo de comportamento. É importante que você escolha seu vestido com calma e todo o tempo do mundo.

Leve em conta seu temperamento e o tipo de festa que vocês estão organizando. Seguindo alguns critérios, fica mais fácil:

- Horário
- Sua idade
- Estilo do casamento
- Seu tipo físico.

Controle seus impulsos

Antes de encomendar qualquer coisa, reserve um tempo para bater perna, entre e saia das lojas, olhe vitrines e se familiarize, selecionando visualmente o que mais lhe agrada. Ainda não é o momento de falar com vendedoras e perguntar preços. Apenas olhe e vá formando uma ideia.

Compre revistas, reveja os álbuns de suas amigas mais íntimas, visite o ateliê de algum estilista que você conheça. Vale tudo, desde que você obtenha o maior número de informações visuais possível. E não se preocupe, pois esse é um processo que leva semanas. Nada a obriga a fazer a escolha em dois dias.

Compro ou alugo?

Opinião pessoal baseada em minha própria experiência: alugue. Tive dois motivos decisivos para optar por isso.

Eu tinha certeza absoluta de que não iria usar meu vestido de casamento, reformado, em nenhuma outra ocasião. (Não tenho a menor criatividade para reformar roupas.)

Na época (1988), o preço de um vestido alugado feito sob medida de acordo com todos os meus desejos e caprichos saía exatamente 25 vezes mais barato do que um vestido confeccionado por bons estilistas.

Ok: estilistas e seus ateliês são artistas e têm enorme mérito. Mas é preciso manter determinadas coisas em perspectiva.

Quando dinheiro não é problema, sem dúvida é um luxo delicioso ser atendida e paparicada com exclusividade em todas as provas de seu vestido de noiva. Sem falar que, se você for sentimental, poderá guar-

Made in China

Muitas noivas preferem: em vez de comprar ou mesmo alugar o vestido aqui, garantem que sai mais barato viajar com as madrinhas e mães e comprar em *outlets* nos Estados Unidos. Não é bem assim, lógico. Mas se for pela farra, vale – e fica a recordação da viagem...

dar o vestido para sua filha. Ou ainda doá-lo mais tarde, para quem possa precisar.

No entanto, se tiver de se privar de uma série de coisas em razão de um vestido que, na realidade, você só vai usar uma vez, pare e pense: o vestido de primeiro aluguel terá exatamente o mesmo efeito de um comprado.

Finalmente, alugar um vestido de noiva não é crime nem deselegante.

Assuma sua porção noiva

Atualmente, por viver numa época de modernidade, muitas mulheres se veem pressionadas a agir modernamente. Ou seja: elas, que são tão eficientes no trabalho, tão arrojadas socialmente, acham que simplesmente não é coerente vestir-se como uma donzela vitoriana no dia do seu casamento. Libere suas fantasias, deixe sua imaginação fluir primeiro para depois exercer qualquer tipo de autocensura. Não se preocupe com sua imagem e com o que acham de você: faça valer seus desejos verdadeiros. Aqui sim vale o clichê que só se é noiva uma vez na vida, portanto é claro que algumas extravagâncias são não apenas permitidas, mas também necessárias.

Finalmente, lembre-se: por mais discreta que você seja e adepta da simplicidade, não tem muito cabimento organizar uma cerimônia tradicional, uma festa linda no melhor bufê da cidade e aparecer simplesinha, como se estivesse saindo para um coquetel depois do expediente!

No dia do seu casamento, você não será exatamente a mesma pessoa de sempre, nem viverá um dia como todos os outros. Você será uma noiva, vivendo um dia muito especial, e é claro que merece todo um tratamento e uma atmosfera muito especiais. E isso inclui, se você se sentir bem, um vestido diferente, sim!

Alternativas para o vestido

Há outras opções além do universo do aluguel e da confecção. Às vezes vale a pena pesquisar e perder um pouco mais de tempo se você quiser uma peça que tenha um valor afetivo além do estético.

- **Vestido de família** – Já pensou? Sua avó, que você adora, usou aquele vestido em seu primeiro baile, na década de 1940. Ele não está branco imaculado, e alguns canutilhos de vidro precisam ser recolocados. No entanto, tem um inegável toque de classe e um caimento que simplesmente não se vê mais. É o caso de pensar, não é? Ainda mais considerando-se que você poderá reformá-lo para ficar impecável em seu corpo e acrescentar um véu exatamente como aquele com que sonhou. Sem falar na satisfação de usar uma peça com tanta história! O mesmo se aplica aos vestidos da década da sua mãe, ou qualquer outra peça que ache que combina com o que você tem em mente.

- **O simples e o chique** – Você definitivamente não é o tipo que gosta de passar despercebida, mas também não consegue se visualizar num vestido típico de noiva. Não há problema: folheie montes de revistas e escolha um modelo branco (ou não) daqueles que arrasam pela simplicidade de suas linhas e pelo visual inesperado. Pode causar um efeito tão bom ou melhor do que um modelo de noiva tradicional. Principalmente se você estiver se sentindo o máximo dentro dele.

Veja se o modelo comporta um véu ou arranjo e, conforme for, providencie um de acordo. Se você começar a ter dúvidas sobre quem poderia se encarregar de confeccionar essa peça tão especial, lembre-se de que um vestido de noiva nada mais é do que um vestido de baile com determinadas características. Assim, não hesite em encomendar o seu a uma costureira de confiança que já tenha feito algum trabalho muito bom, se não para você, para alguém conhecido e com quem possa conferir.

- **O simples assumido** – Você optou por um casamento realmente informal e não vê sentido em vestir um traje tradicional de noiva numa festa tão descontraída. Nesse caso, é claro que é muito mais fácil (e barato) encontrar um bonito vestido simples, confortável e alinhado ou mandar fazer um de acordo com seu desejo. Mas não dispense um acessório caprichoso: sejam brincos, arranjo ou pendentes...

Prepare um questionário padrão

Chegar com determinadas dúvidas devidamente anotadas, vai lhe poupar muito mais tempo e canseira. Sem falar que é importante anotar as respostas para depois poder comparar as confecções de diferentes fornecedores. Segue aqui uma lista que poderá ajudá-la:

- Há alterações? Quais?
- Prazo máximo de entrega do vestido (não aceite no dia, o ideal é na antevéspera, para você não morrer de ansiedade).
- A cabeça ou o véu estão incluídos no preço do vestido?
- A loja se encarrega de recobrir os sapatos com o mesmo tecido do vestido?
- Quantas provas eles fazem e em que datas? (Não aceite a última a menos de dez dias da data do seu casamento, para dar tempo de fazer todos os ajustes necessários)
- Em caso de vestido alugado: quando deve ser feita a devolução e quanto custa cada dia extra, se passar do prazo?
- No caso de estar mandando fazer: largura e metragem do tecido.
- Planos e condições de pagamento.

Noiva também faz xixi

É isso aí. Já pensou você morrendo de vontade de ir ao banheiro sem conseguir lidar com o vestido? Para não sofrer um contratempo desses, aproveite as provas para aprender: como é aberto, como se levanta, onde se desabotoa, onde há botões falsos etc.

Mais de uma noiva já se atrapalhou com isso e Alódia Guimarães, experiente cerimonialista de Fortaleza, não se aperta e tem um expediente que garante que dá certo: leva uma caneca tipo leiteira, para emergências. Como na porta da igreja não dá para entrar e estragar a surpresa do visual, se a vontade apertar, Alódia dá um jeito e, no carro da noiva, coloca em ação a caneca milagrosa.

Difícil, claro, mas muito melhor do que entrar pela nave aflita...

Vestido em sintonia

É importante ter em mente duas diretrizes que vão ajudá-la a determinar algumas características do que você vai vestir.

- **Dimensões da igreja** – Influi mais do que parece. Você estaria completamente fora de contexto ao se casar com um minitubinho branco em uma imensa catedral. Assim, como pareceria sufocante um véu de quatro metros se arrastando pelo chão de uma rústica capelinha onde cabem no máximo vinte pessoas.

- **O estilo da festa acompanha o do vestido** – Imagine você com um lindo vestido bordado com brilhos, arrastando uma longa cauda, com buquê e tudo nas mãos, comemorando seu casamento com muito espetinho e cerveja na churrascaria preferida de seu noivo! Um desperdício, não é mesmo?

De acordo com o horário

Manhã – Use sempre tecidos sem brilho. Você tem mais liberdade para escolher entre tecidos mais rústicos. O modelo pode ser mais esportivo ou não (depende de sua preferência), e, se quiser, dispense o véu também. É possível escolher entre os vários comprimentos do véu curtos: batendo nos ombros, nos cotovelos, na cintura e finalmente apenas tocando o chão. Evite caudas e véus arrastando pela nave.

O comprimento do vestido vai depender de sua preferência e tipo físico. Pode ser um curto míni, um na altura dos joelhos ou dos calcanhares ou o clássico longo sem cauda.

Você pode até usar luvas, desde que sejam curtinhas, abotoadas nos punhos. Mangas curtas ou sete oitavos podem ser um conforto em dias mais quentes.

Atenção para os decotes: não é elegante casar com um decote cavadíssimo logo pela manhã. Os modelos de colo totalmente descoberto e tomara que caia são muito mais indicados para a noite, e, ainda assim, com algum tipo de cobertura durante a cerimônia na igreja.

Sim, eu sei que dizer isso hoje parece uma coisa de antigamente, uma vez que vemos milhares de noivas com modelos tomara que caia e transparências ousadíssimas na igreja ou templo. Mas está errado e fora de contexto. Não é uma questão de moral, mas de coerência: nesses lugares um mínimo de decoro é necessário. Não é uma balada nem réveillon na praia.

E como sempre o equilíbrio é a melhor solução. Tente conciliar a elegância com a sensualidade em um vestido que possa ser "modificado" facilmente para a festa. Hoje os recursos são muitos e variados.

Por último, uma boa ideia para quem não quer usar véu e vai se casar pela manhã ou à tarde é usar um bonito chapéu enfeitado.

Tarde – Na hora do almoço ou no fim da tarde já são permitidos alguns toques de brilho no tecido. Gorgorão, chamalote, seda e xantungue podem ser ótimas escolhas, já que, pelo horário, não se devem usar cetins, tecidos adamascados e bordados brilhantes. Os curtos ainda podem ser usados sem medo, assim como *tailleur*, mas isso não quer dizer que você não possa se esbaldar com os modelos longos mais tradicionais e véus. No fim da tarde, o comprimento do véu pode aumentar, e uma discreta cauda não é pecado.

À medida que a tarde avança, as mangas podem ficar mais longas e, dependendo do modelo, é possível usar luvas até os cotovelos (nesse caso, com mangas curtinhas).

É importante lembrar que, no caso de você escolher um modelo curto, terá de se preocupar mais com seus sapatos e meias, que estarão à mostra o tempo todo, compondo um terço de seu visual. Assim, não vai dar para escolher um saltinho médio, mais confortável, ou optar por meia de seda três-quartos, muito mais práticas na hora do inevitável xixi.

A roupa curta, principalmente de noiva, exige muito mais postura do que a longa, que automaticamente deixa a pessoa mais longilínea e elegante.

Noite – Agora, sim, você pode se entregar aos tecidos brilhantes: cetim de seda, tafetá, adamascados, brocados e, no inverno, veludos e crepes de seda. As opções são infinitas. É possível optar pelas saias mais rodadas, as caudas mais longas e os decotes mais profundos. As mangas longas compõem melhor o visual noturno, e os véus estão totalmente liberados, em qualquer comprimento.

Os brilhos e bordados são bem-vindos à noite, mas atenção: não exagere! Use apenas uma parte de seu vestido ou um detalhe com brilho. Se o corpo for todo bordado, a saia e o véu devem ser rigorosamente lisos, até para valorizar o trabalho. Se seu véu é antigo e rendado, dê preferência a um modelo sem drapeados ou babados, para que o véu funcione realmente como uma moldura e enfeite seu rosto à altura.

Estilo da cerimônia e da festa

Normalmente, o horário já estipula o grau de formalidade de um casamento. É mais difícil vermos um casamento ultraformal às onze horas. O que não quer dizer que, se você se casar à noite, seu casamento deve ser formalíssimo. Nada disso. No entanto, se vai se casar de manhã ou à tarde, há mais chances de sua festa ser mais descontraída, e nada impede que seja informal e muito elegante.

Assim, o critério da formalidade influi na escolha do modelo de seu vestido.

- **Informal** – Num casamento assim, não são adequadas peças como a mantilha de renda veneziana, relíquia da família há mais de duzentos anos, e diademas de brilhantes (ou zircônio ou strass). Você estará muito melhor vestindo um modelo mais simples, não necessariamente curto e que lhe permita agir em sintonia com o tom da festa.

- **Tradicional** – Nesse caso você não pode errar se seguir simplesmente os critérios do horário para a escolha de seu vestido.

- **Ultraformal** – Entregue-se livremente a todas as fantasias de princesa, tão tipicamente femininas: desde que mantenha o equilíbrio e o bom gosto, lance mão de todos os artifícios para tornar sua grande noite inesquecível. Tiaras de strass ou colares de brilhante, véus bordados com pérolas ou simples lantejoulas. Vale tudo: desde que você fique linda e radiante e... elegante, claro!

Idade

- **Dezoito a trinta anos** – Uma noiva jovem deve evitar brilhos e bordados carregados. Isso não quer dizer que não possa usar um tecido bordado com pérolas e canutilhos leves. Mas deve fazê-lo sem exagero. A juventude é o melhor dos enfeites, e não convém sufocá-la com excessos e planejamentos extras.

Noiva com mais de trinta – Hoje ninguém pode ser considerado "maduro" com trinta e poucos anos. No entanto, se esse é seu caso, mangas bufantes, saias muito rodadas e decotes-princesa vão deixá-la com um ar mais de fantasia da Cinderela do que de noiva feliz.

Tipo físico

Ela tem vinte aninhos e uma conta bancária que lhe permite organizar um casamento de arromba. E seu grande sonho é um vestido colado ao corpo, com uma extravagante cauda de sereia se abrindo, plissada, na altura dos joelhos. Mas não vai dar. Sabe por quê? Porque ela tem apenas 1,58 metro. Por causa de doze míseros centímetros, ela não poderá se sentir como Rita Hayworth em *Gilda*.

É assim mesmo. Você tem de ser esperta na hora de escolher o que vai usar. Se for baixinha ou gorducha, esqueça os curtos. Prefira os longos, não muito colados ao corpo, que vão alongar sua silhueta e dar-lhe mais leveza. Evite também golas muito altas ou decotes fechados.

Se você se acha magra demais, abuse do volume das saias, use sutiã com enchimento, esqueça decotes em V profundo e lance mão de todos os artifícios para ficar – pelo menor por um dia – com as curvas de Luiza Brunet.

Se você for altíssima e esguia, use o modelo sereia sem culpa. E não tenha medo de sobreposições de saias e um véu mais volumoso.

Um vestido adaptável à festa

Algumas noivas gostam de se sentir mais confortáveis durante a festa e acabam simplesmente trocando de vestido. Pessoalmente, acho uma pena. Depois de tanto empenho (e gasto) para escolher o vestido lindo, usá-lo apenas por duas horas me parece um enorme desperdício. Que tal prolongar para pelo menos oito ou nove horas até o fim da festa?

É perfeitamente possível continuar com seu traje de noiva sem abdicar completamente do conforto. Você pode simplesmente tirar alguns elementos e substituí-los (ou não) por outros, sem nenhum prejuízo para sua aparência.

Hoje é muito comum que estilistas já pensem no vestido em camadas sobrepostas que podem ser retiradas justamente para propiciar mais conforto e mobilidade. Não é o caso de ter um segundo vestido ou um vestido "para o momento da balada". Apenas lembre-se de pensar em seu vestido com uma opção mais versátil.

✂ **Tecidos sustentáveis** – Existem, claro. E a renda de algodão tem o mesmo caimento que outras ditas mais nobres que sacrificam milhares de bichos da seda. Portanto, ainda que você não tenha uma superpreocupação com esse assunto, é interessante pesquisar – você pode se surpreender com as novidades no mercado.

✂ **Branco que não é branco** – Todos os estudos de colorismo são unânimes na afirmação de que o branco total radiante tira a luz do rosto e, dependendo do tom da pele da pessoa, pode até abater a fisionomia. Você não vai querer correr esse risco, certo?

Pense em creme. O que os americanos chamam de *off white*. Não é bege, não! É creme. Um tom que traz calor ao rosto e ilumina. Quando lhe apresentarem tecidos e modelos, peça pelo creme, experimente e veja a diferença que uma simples nuance de matiz pode fazer em seu visual.

Noiva grávida – planeje bem seu vestido

Hoje é cada vez mais comum casar grávida. E é também normal não ter vergonha do próprio corpo, ter orgulho da barriga, tirar fotos sensuais grávida etc. Beleza. Mas uma coisa é não ter vergonha do corpo, outra muito diferente é desfilar para centenas de convidados sob as luzes com a roupa superjusta, seios estourando no corpete e o tecido marcando seu novo umbigo proeminente com a gravidez.

Dependendo do estágio da gravidez, é muito melhor assumir um modelo mais folgado, declaradamente pensado para esse estado, do que tentar adaptar ou alargar uma criação que não nasceu para isso.

Caimento também é importante: lembre que, para ser uma noiva com aparência fluida, o tecido tem de passear ao seu redor conforme você se movimenta – e não colar constrangedoramente em cada dobra aumentada de seu corpo.

Portanto, faça as contas direito, analise como e quanto você tem ganhado em peso e calcule bem, na medida do possível, quanto vai estar maior no dia – para poder pensar em um vestido que atenda a tudo isso e mais: você tem de estar confortável, porque ninguém é de ferro!

Finalmente, esqueça a ideia fixa da maioria das noivas de que tem de estar ultrassexy nesse momento. Noiva tem de ser bonita, etérea, brilhante, sensual e elegante. Mas sexy é para outro momento, tá?

- **Véu** – Se for muito longo, opte por tirar a camada mais comprida e deixá-lo leve e curto durante a festa. É só combinar antes com quem estiver confeccionando-o.

- **Cauda do vestido** – Também pode ser removível. Assim, seu vestido não "pesará" tanto, nem lhe prenderá os movimentos para circular e dançar. E já terá causado o efeito desejado na igreja. Seu estilista certamente terá uma solução fácil para "desprender" a cauda sem maiores dificuldades.

- **Luvas** – São dispensáveis, embora um complemento muito elegante. E, se você faz questão, use-as para a cerimônia, lembrando que no momento das alianças você as tira (e depois tira também a da mão direita, entregando a uma madrinha, e não precisa mais colocá-las para a festa).

Casaquinhos e sobrecapas – Se o modelo de seu vestido inclui um casaquinho de mangas longas, ajustado ao corpo, ou algum tipo de capa, este é o momento de retirá-los e exibir um lindo colo com um modelo tomara que caia (muito mais apropriado para a festa), ou mesmo um ousado decote *soirée*, impossível de ser usado na igreja.

Sapatos – Se você acha mesmo necessário, nada a impede de trocá-los por um par mais confortável. No entanto, se realmente quiser trocar todo o figurino, lembre-se: é preciso fazer isso com elegância. Nada de aparecer transformada naquela sua roupa de festa curinga, com sapatilhas baixas, pronta para encarar a pista de dança! Escolha um modelo novo à altura de uma noiva impecável. E que cause (quase) mais impacto do que o vestido da igreja, se possível.

Pensando bem, como isso vai ser difícil (além de toda a trabalheira extra), aconselho-a a continuar com seu vestido de noiva. Você vai adorar ter optado por isso quando assistir ao DVD e folhear seu álbum...

Véu leve como espuma

Se você vai se casar de véu, parabéns! Não há moldura melhor para seu rosto, que vai adquirir muita luminosidade, além da leveza extra proporcionada ao modelo. Mas até mesmo o mais diáfano dos véus pode ter suas armadilhas.

De manhã e à tarde – Curtos, na altura dos cotovelos, pela cintura ou tocando o chão. Tudo é permitido, menos caudas e metros de tule se arrastando pelo chão.

Se você optou por um véu longo, longuíssimo, é importante treinar andar com ele para não se atrapalhar no dia do casamento.

Uma vez na nave, a noiva deve agir como se acordasse todos os dias com cinco metros de tule presos em seus cabelos. Isso certamente requer certo ensaio.

À noite – Nesse horário, pode deitar e rolar: véus longos ou longuíssimos, cobrindo ou apenas emoldurando o rosto, mantilhas raras e rebordadas... Certifique-se apenas de que toda a extravagância da cabeça acompanhe adequadamente o modelo do vestido. Um pente trabalhado, um diadema antigo ou qualquer outra peça que não desvalorize seu véu. O que não pode é achar que qualquer coroa de concurso de miss vai causar o mesmo efeito. Não vai mesmo!

Segurando o véu

Faça muitas provas com esse véu e o que exatamente vai segurá-lo na sua cabeça. É um casquete? Uma tiara? Um aplique com grampos? Esse é um detalhe importantíssimo, pois pode incomodar, doer, causar dor de cabeça...

Nunca é demais perguntar como vai ser e pedir uma ou mais provas.

Em tempo: se você optar por uma tiara, seja de diamantes, zircônia ou strass, pense que, quanto menor, mais bonita.

É isso aí. Senão pode correr o risco de ficar parecida com uma miss no fim do concurso (linda – porém é Miss e não Noiva Elegante). Confira as tiaras de todas as princesas: da rainha Elizabeth II passando pela princesa Diana até Kate Middleton – todas usaram tiaras tão discretas quanto preciosas.

Arranjos e chapéus

São uma ótima alternativa para quem realmente não consegue se adaptar aos véus. Os arranjos podem ser usados sem maiores problemas em qualquer horário, desde que sejam mais leves e menos elaborados pela manhã.

Os chapéus devem ir diminuindo de tamanho à medida que a hora avança (e não o contrário!). Chapéus pela manhã ou à tarde podem ser uma ótima ideia, mas apenas se você tiver optado por uma festa ao ar livre. À noite, só mesmo um pequeno casquete – sem penas ou outros detalhes de gosto duvidoso.

Leque — mais que um detalhe

Se for se casar no Rio de Janeiro, lembre-se que lá as igrejas não permitem ar-condicionado. Assim, dependendo da época, um leque com um laço nas cores da decoração talvez seja um detalhe tão simpático quanto útil.

Destruir o vestido — para quê?

A moda pegou: batizada nos Estados Unidos de *trash the dress*, pode ser traduzida como "destrua o vestido". E, no caso, o vestido em questão é o da noiva!

E já chegou ao Brasil para a felicidade dos fotógrafos e da indústria do casamento em geral, uma vez que todos saem ganhando.

Quem entra na onda deve se preparar para pagar vários micos: uma vez que seu vestido de noiva será literalmente destruído logo após o casamento em uma sessão de fotos do tipo "mergulhando-com-o-vestido" ou "fazendo-guerra-de-bolo-de-noiva-com-o-vestido". Ou coisa que o valha. Importante é destruir o vestido.

Meu lado libanês se revolta loucamente diante de tanto desperdício. Como disse, quando me casei, achava um despautério o que se cobrava por um vestido que se usa uma só vez na vida. Há cerca de 25 anos um vestido de noiva confeccionado por um bom estilista custava o equivalente a 6 mil dólares.

Hoje, é muito, muuuuito mais do que isso, uma vez que tudo está bem mais caro – inclusive os aluguéis. Mas não é disso que estou falando. Penso em qual o sentido de se pagar uma nota preta – alegando que é só uma vez na vida e, portanto, é preciso caprichar – para depois destruir e literalmente queimar em poucas horas o dinheiro gasto?

Antigamente as pessoas guardavam os vestidos de noiva como uma preciosidade – que, aliás, eram. Passavam-nos de mãe para filha com alterações, adaptações e uma enorme carga de carinho e emoção.

Essa era a graça. Hoje, paga-se uma nota para sentir a adrenalina do consumo (pouco gratificante, uma vez que se esvai em segundos depois da compra), para destruir o que se comprou em busca dessa mesma adrenalina.

Ganham os fotógrafos de casamento, seus assistentes e toda a indústria do casamento. E naturalmente também quem confecciona os vestidos – quanto mais peças destruídas, mais serão vendidas.

E o que fica de tudo isso? A cultura do volátil e do descartável, do consumo desenfreado, do poupar jamais, da desvalorização de emoções e valores, como o afeto.

E fica, principalmente, uma noção de que não há valor algum no tempo e na energia consumidos para escolher, pagar e viabilizar um momento tão especial quanto aquele em que usamos o tal vestido.

Ou será que destruir o vestido já é uma forma de avisar a todos que o casamento talvez tenha a mesma vida curta e que importante mesmo é a festa e as fotos. Pense nisso, antes de entrar nesse tipo de roubada.

Buquê

O buquê deve acompanhar o modelo do vestido e também ser escolhido de acordo com o horário.

De manhã e à tarde, o mais aconselhável são buquês pequenos, redondos, com flores do campo e espécies menos sofisticadas. O importante é que seja leve. À noite, podem ser maiores, mas não caia na armadilha de escolher um modelo grande e pesado.

Esses arranjos, na maioria das vezes, "ocupam" toda a frente do vestido, interferindo em sua estética. Além do mais, a noiva precisa ter mais de 1,70 metro para aparecer por trás de tanta exuberância.

Finalmente, ele custa muito mais caro, e você corre o risco de assassinar alguém na hora de jogar o buquê. Há quem goste. Mas jamais me convencerei da elegância desse despropósito.

Alternativas para o buquê

Nada a obriga a usá-lo e, dependendo de sua religião, você pode entrar na igreja com um missal e um terço na mão, o que, sem dúvida, dará um toque de sobriedade à ocasião.

Uma simples rosa envolvida por renda e um laço bem-feito podem causar um efeito muito mais delicado e singelo, cheio de impacto e originalidade.

Um buquê de alfazemas, além de lindo, delicado e acessível, perfuma deliciosamente tudo o que estiver a um raio de três metros. E por aí vai.

Sapatos

- **Com vestido longo** – A escolha torna-se muito mais simples, pois eles realmente vão aparecer pouco. Assim, separe um sapato seu, confortável, cuja forma já esteja ajustada a seu pé, e mande recobri-lo com o mesmo tecido do vestido. Deve ser um modelo clássico, que não destoe, se aparecer por baixo da roupa.

Mas o fato de o sapato não aparecer não quer dizer que você pode se casar de sapatilhas. Lembre-se de que um saltinho médio ajuda a manter a postura. Por outro lado, não é porque se acha baixinha que vai se matar num salto sete!

Não se esqueça de que o véu e o vestido longo já vão "aumentá-la" o suficiente. Três centímetros a mais no salto não vão fazer toda essa diferença na sua aparência e certamente vão lhe causar uma indesejável dor nos pés. Além do mais, uma noiva nunca é baixinha. Ela é sempre mignon e delicada, certo?

Simplifique – os pés agradecem

Que a noiva troque de sapatos para cair na balada dá até para entender, no entanto, hoje, a mãe da noiva também tem entrado nessa onda. Dica: as duas podem simplificar e, desde o início escolher um modelo de sapato confortável e elegante. Acredite: forrar um já testado e "amaciado" é a melhor pedida!

Com vestido curto – Um vestido acima do calcanhar ou dos joelhos infere que seus sapatos vão constituir pelo menos 25% do seu visual. Nesse caso, é provável que você tenha de abandonar a ideia de forrar seu confortável parzinho usado. A não ser que sua forma e feitio continuem como novos.

Mas o mais provável é que tenha de comprar um de acordo com o vestido escolhido. Porém, fique atenta para alguns detalhes.

Saltos – Com vestidos em que a bainha bate apenas acima do calcanhar, você pode se permitir usar saltos mais baixos (três ou quatro centímetros). No entanto, com qualquer modelo acima do joelho, terá de sacrificar seu conforto em benefício de pernas mais bem-torneadas. O salto cinco acaba sendo o ideal, sem ser muito desconfortável. Se não estiver muito habituada a usar saltos, esqueça os vestidos curtinhos. Você vai ter mais o que fazer do que se concentrar em seu equilíbrio.

Forrado ou de pelica? – Vai depender do modelo do vestido. Os mais formais pedem sapatos forrados. No entanto, se você optou por um curto acima dos joelhos, nada a impede de usar um bonito sapato de pelica ou verniz (apenas durante o dia). Da mesma forma que, se seu vestido tiver detalhes em algum tom pastel, você pode encontrar um tom igual de sapato e fazer uma combinação interessante e delicada.

Modelo – Evite sapatos fechados demais, com saltos largos ou amarrados nos calcanhares. Tudo isso dará um aspecto pesado a seus pés. Prefira os cavados, com saltos finos (não precisam ser finíssimos) e que revelem suas pernas a partir do peito do pé.

Não banque a irmã da Cinderela – Você se apaixonou por um modelo, mas é o último da loja e um número menor que o seu. Não seja louca! Não caia na conversa da vendedora de que "em pouco tempo vai lassear". Sapato de noiva não lasseia porque nunca há tempo suficiente para usá-lo até que isso aconteça.

Pode não lassear, mas amacia – "Amaciar" se aplica apenas a sapatos do seu número – e jamais menores. Mas até mesmo os do seu número devem ser amaciados para ser usados com mais conforto. Faça isso com os seus, mas não pense que meia horinha na véspera do casamento vai ser o suficiente. Serão necessárias várias meias horas com eles nos pés andando pela casa. Pensando bem, talvez seja mais prático simplesmente usá-los para sair em duas ou três ocasiões especiais.

Traje da mãe do noivo e da mãe da noiva

Você tem vontade de se vestir de noiva novamente, só para matar a saudade, não é? Mas, infelizmente, não dá! Nem por isso vai deixar de estar elegantíssima no altar. Como mãe, é claro que você terá direito à sua dose extra de fantasia e requinte. Mas vá com calma.

Lembre-se de que, em última análise, todas as outras mulheres no altar vão seguir suas diretrizes.

De manhã

Nesse horário, as mulheres estarão de vestido curto, pois não se justifica um longo. Salvo um longo esportivo, em tecido rústico no caso de casamento na praia. Prefira tecidos como sedas, crepes e gorgorão, e evite os tecidos com brilho.

Cores lisas tendem a valorizar tanto o corpo quanto o modelo, e você pode escolher entre vários tons mais claros ou mais vivos (só não vale preto e branco), de acordo com o tom de sua pele e cabelos.

Bolsa e sapatos devem estar combinando, mas não é o caso de mandar forrar os sapatos com o mesmo tecido do vestido, se o casamento for de manhã.

Meias em tons mais claros do que o tecido ficam muito bem. As meias cor da pele não dão o mesmo acabamento ao visual. Prefira as clarinhas ou, no caso de tecidos mais escuros, fumês ou pretas.

À tarde

O comprimento da bainha pode descer mais um pouco sem chegar ao longo.

Um pouco mais de brilho já é permitido nos tecidos, que podem variar desde seda, crepe, musselina e xantungue até gorgorão.

Até mesmo discretos bordados ou aplicações podem ser usados.

Os modelos podem ser mais elaborados, sem abusar de babados, drapeados ou laços imensos.

À noite

Agora, sim, dá para se divertir com brilhos, bordados, adamascados, transparências e sobreposições.

Tente usar o bom senso: brilho ou bordado. Transparência ou adamascado. Se o corpo do vestido for bordado, prefira uma saia lisa, sem muito volume.

Evite saias-balão, laços imensos e outros acessórios "aplicados" ao vestido que possam lhe tolher os movimentos e a naturalidade.

Chapéus

Lembre-se: não é obrigatório o uso de chapéu. Nem para a mãe da noiva. Portanto, se preferir um arranjo ou uma simples fivela enfeitada, pode ter certeza de que vai ficar elegantíssima. Se optar pelo chapéu, atente para os seguintes detalhes:

Quanto mais tardio for o horário do casamento, menor ele deve ser.

Chapéus imensos de abas largas já não se usam; além de serem terrivelmente incômodos, ficam ridículos e fora de contexto. Prefira algo mais adequado.

Os modelos maiores são mais indicados para a parte da manhã ou à tarde, principalmente em comemorações ao ar livre.

À noite, escolha entre chapéus pequenos, de abas bem discretas ou tipo casquete.

Chapéus de palha pintada são muito chiques para a manhã ou à tarde. E, se seu vestido for liso, com apenas alguns detalhes em outra cor contrastante, use um chapéu da mesma cor dos detalhes. Pode dar um toque muito especial.

Finalmente, lembre-se: uma vez de chapéu, você terá de ficar com ele na cabeça até o fim, mesmo porque seu penteado não resistirá se começar a tirá-lo e recolocá-lo muitas vezes. Certifique-se de que seja confortável e não lhe aperte as têmporas, causando dores de cabeça indesejáveis.

Roupa das madrinhas

Se você faz questão de que as madrinhas se vistam exatamente com o mesmo modelo, cor e tecido, seja democrática pelo menos na hora de escolher o modelo. Particularmente, sempre achei que uma fileira de mulheres vestidas de maneira igual no altar lembra mais uma formatura de ginásio ou um grupo de bandeirantes em dia de festa do que madrinhas de um casamento. E como encontrar um vestido que caia bem em todas elas? E, o que é pior: é impossível deixá-las todas à vontade e felizes vestindo algo que absolutamente não foi escolha delas...

Aconselho as noivas que sonham com um altar uniformizado que levem esses fatores em consideração. É possível conseguir um efeito harmonioso simplesmente sugerindo que suas madrinhas usem longo ou curto, cores claras ou tonalidades mais escuras, tecidos estampados ou não e chapéus ou arranjos. Ou apenas dando a orientação de uma cor com suas variações para todas.

Roupa dos padrinhos

No geral, eles devem se vestir na mesma linha do noivo. Se este escolher usar fraque, os padrinhos também deverão estar de fraque. E essa é mais uma razão para que o noivo pense bem antes de entrar na onda da "fantasia de noivo". Nem sempre os padrinhos vão achar a mesma graça em usar um traje com o qual não estão habituados. Isso pode se tomar apenas uma complicação a mais na vida deles, em vez de uma comemoração divertida.

ROBERTO COHEN

Se alguém dissesse aos pais de Roberto, no fim da década de 1970, que o filho, estudante de odontologia, se tornaria um dos mais disputados profissionais do mundo dos eventos e festas do Brasil eles certamente achariam que se tratava do filho de outro casal.

Afinal de contas, Roberto, filho de pai judeu e mãe católica, seguia a risca o script de todo bom rapaz daquela época, segundo o qual, para se tornar um profissional de sucesso e respeitado, era preciso antes obter um diploma – de preferência de doutor.

Mas na vida, um detalhe pode mudar completamente o curso de um destino cuidadosamente planejado. Ele ainda estava no colégio quando uma colega católica, que se casaria com um judeu, consultou-o sobre a melhor forma de organizar a cerimônia e perguntou se ele não poderia dar uma mão, já que ele sempre transitara com facilidade entre pessoas de religiões diferentes.

É preciso lembrar que, naquela época, não eram comum, como são hoje, os casamentos ecumênicos. Roberto encontrou a solução colocando o juiz de paz no lugar que seria do rabino – e a festa foi um sucesso.

Daquele momento em diante tomou gosto pela coisa: seu bom gosto e organização acabaram divulgados no boca a boca e, virava e mexia, alguém lhe pedia uma assessoria. Começou a fazer festas para valer e mais tarde conciliava os eventos com o curso de odontologia – e começou a ir tão bem que, já formado, quando se instalou em seu consultório, não quis desistir dessa ocupação que o gratificava tanto.

Para isso instruiu sua secretária a marcar os compromissos sempre separadamente e especificando bem quem eram os clientes do consultório e quem eram os de festas de casamento. Os de festas eram recebidos em sua casa – e funcionava lindamente.

Até que, um dia, Roberto recebeu no consultório uma senhora elegantemente vestida com um conjunto Chanel, maquiada no

RSVP

maior capricho e, como bom cirurgião-dentista, mandou que tirasse o batom e, de quebra, passou-lhe um sermão sobre a inconveniência de ir maquiada ao dentista.

Perplexa, a cliente explicou que estava lá para combinar uma festa de casamento e não para uma cirurgia. Desfeito o mal-entendido (a secretária havia se confundido pela primeira vez na vida), Roberto percebeu que chegara o momento de optar por uma ou outra ocupação – uma vez que não gosta de fazer nada pela metade e ambas lhe consumiam um enorme tempo e energia.

Assim, a sociedade carioca e o Brasil ganharam definitivamente um dos mais festejados e ecléticos profissionais de eventos. O momento coincidia com o crescimento das faixas de novelas na TV Globo, que passou a exibir três novelas a partir das dezoito horas e a consultoria que fez para a emissora foi decisiva para que montasse sua empresa e se profissionalizasse mais rápido.

"*Noiva não pode sofrer*", diz Roberto, que procura fazer o impossível para atender os sonhos dos noivos sem estourar o orçamento, pois reconhece que hoje, com tantas possibilidades tecnológicas e de atrações – que variam de shows internacionais a momentos de efeitos especiais –, não é fácil formatar um casamento sem ter pelo menos um modesto pé-de-meia separado para tanto.

Quem o vê impecável e elegante não imagina que uma das chaves do sucesso de Roberto é sua capacidade de improvisação. Certa vez, com tudo pronto para dar início a um casamento ao ar livre em um elegante hotel do Rio de Janeiro, apenas duas horas antes da cerimônia, desabou um temporal épico levando toldo, mesas e o que mais houvesse no aguaceiro tropical que conhecemos – e aprendemos a temer e a respeitar.

A rupá, enfeitada, foi destruída e caiu na piscina. Era preciso agir, e rápido! Roberto, com a ajuda dos funcionários do hotel, improvisou outra linda rupá, dessa vez em um dos salões do lado dentro, usando os tripés das caixas de som como apoios e lençóis do hotel para forrar e fazer a cobertura. Flores e muita energia boa completaram o visual. E a cerimônia ocorreu sem que ninguém suspeitasse que era para ter sido ao ar livre!

Outro mico memorável foi quando, abaixado, arrumava o vestido de uma noiva, prestes a entrar, quando, ao som de um trompete que tocou antes da hora, as meninas do cerimonial, abriram a porta da igreja revelando um Roberto literalmente de bunda para cima!

Concentrado na noiva, ele custou a perceber que todos os convidados estavam com os olhos voltados para ele aguardando que a cerimônia começasse! Roberto não perdeu a pose: calmamente terminou de ajeitar o vestido da moça que, afinal de contas era a estrela da festa, e só depois que ela entrou, se permitiu corar de vergonha...

Esse seu jeito despojado contrasta vivamente com sua atenção e apreço aos mínimos detalhes que fazem dele um profissional querido por todos – de noivos e suas famílias a colegas cerimonialistas. Aliás, hoje, uma de suas principais preocupações é a de formar novos profissionais, e para isso ele tem viajado e dado cursos por todo o Brasil.

"*O protocolo tem que se adaptar à realidade.*" Essa sua frase mostra quanto seu bom senso foi, provavelmente, também responsável pelo seu imenso sucesso. Provando que aplica a teoria em suas festas, ele conta a história da mãe da noiva que tinha um detalhe lindo na lateral de seu vestido que ficaria encoberto por causa de sua posição no cortejo de entrada. Percebendo isso, e a tristeza da senhora, Roberto nem piscou e mudou sua posição – adaptando todo o cortejo de modo que o vestido fosse valorizado e ficasse em evidência enquanto ela entrava pela nave. E é claro que ninguém percebeu – afinal de contas os detalhes são importantes, sim, porém não podem atropelar a alegria e o espírito da festa.

Esse seu espírito prático em momento algum atrapalhou ou evitou que ousasse em festas que ficaram na memória de milhares de convidados e noivos. Um de seus eventos mais requintados foi um casamento em que absolutamente toda a estrutura – do salão da festa à cozinha – foi construída especialmente para a ocasião.

Os convidados chegavam a uma primeira casa onde eram acolhidos e recebiam um kit festa que incluía o fantástico "salva-saltos": um cilindro de silicone de várias espessuras que "encapa" o salto das convidadas para que circulem por jardins e estradas de terra sem medo de arruinar os sapatos. Se você é homem, deve estar achando uma bobagem. Mas, Roberto, um homem craque em adivinhar desejos femininos, adotou o salva-saltos em praticamente todos os seus eventos ao ar livre.

Continuando: um carrinho de golfe levava as pessoas até o salão principal, onde os convidados deparavam-se com um pé-direito majestoso de nada menos que onze metros em uma estrutura de três andares, dos quais um era inteiramente reservado aos banheiros e camarins.

A certa altura da festa, todos tinham direito a uma massagem em um dos aposentos reservados ao spa. Finalmente, se alguém tivesse bebido demais, contava com um serviço de van e/ou motorista para voltar para casa a salvo a hora que quisesse...

Mesmo com todo esse requinte, o lado pé no chão de Roberto é muito forte. Como no momento em que ele não hesita em perguntar a noivos em dúvida na escolha de cardápios:

"*Você quer surpreender ou alimentar?*", acrescentando que adora oferecer, além do cardápio escolhido pelo casal, o que chama de "comida afetiva", as receitas da infância e comidinhas que nos remetem ao conforto, como hambúrguer, minipizzas, batatas fritas etc.

E, embora goste de detalhes e capricho, costuma ser direto quando as noivas começam a extrapolar, complicando com brindes de pista (que graças a Deus estão em extinção) ou lembrancinhas mirabolantes. Quando percebe que estão perdendo a noção, não hesita em chamar o casal para a realidade. E pergunta na lata:

"*Você guarda a lembrancinha?*"

Pois é. Em momentos assim, serve-lhe a precisão de sua formação como cirurgião-dentista, só ultrapassada pela sua incrível capacidade de conciliar sonho com eficiência e a emoção de muitas belezas.

CAPÍTULO 6

Algumas dicas só para o noivo

Acontece o tempo todo: as mulheres ficam tão empolgadas com os milhares de preparativos – em geral diretamente relacionados a um universo que apreciam tanto – que se esquecem, literalmente, de que os homens existem. Isso no que se refere ao noivo e até mesmo aos homens da própria família, como seu pai.

Sentindo-se rejeitados, os homens, sobretudo o noivo, acabam assumindo uma atitude de "isso não é comigo, é ela quem faz questão", portanto "que se vire". Nada saudável para o relacionamento, certo?

Ora, se, por um lado, a noiva deve ficar atenta para incluir seu parceiro em tudo, por outro não há motivo para que ele também não participe de fato! Afinal, nesse casamento ele conta com 50% de participação. Porque ninguém está obrigando-o a se casar.

Participar de seu próprio casamento pode ser muito mais divertido do que você imagina. Desarme-se, curta a experiência e, principalmente, faça valer sua opinião, desejos e sonhos.

Lista de presentes – sempre com o noivo!

Fundamental, importantíssimo, indispensável: não deixe sua eleita fazer a lista de presentes sozinha. Aquela casa também vai ser sua.

Deixe claro que você gostaria muito de ter um bar bem equipado, um som sofisticado ou qualquer outra preferência. Você acha que sua noiva vai se lembrar de pedir um jogo para churrasco? Ou uma furadeira com mais de cinquenta brocas?

Certo, esse pode até ser um critério machista, mas é claro que vocês dois têm gostos e expectativas diferentes. Daí a necessidade de estarem juntos nesse momento. E já que você vai ajudar a montar essa lista, é bom partir de algumas prioridades que devem surgir de comum acordo.

Também é importante adequar os presentes e a loja ao padrão médio de renda de seus convidados. É inútil pedir apenas itens de luxo na loja mais cara da cidade. O mais provável é que, dessa forma, as pessoas desistam da lista e recorram a presentes "criativos" ou "personalizados e artesanais". E o resultado, quase sempre, é um desastre.

Cerimônia

Está chegando a hora. Antes de sair de casa, não se esqueça de verificar se está com as alianças. Parece uma bobagem, no entanto vários noivos já se esqueceram de lavá-las à igreja, por causa da afobação.

O ideal é chegar à igreja pelo menos vinte minutos antes do horário marcado para o início da cerimônia. Assim haverá tempo para você relaxar, aclimatar-se ao ambiente e até mesmo curtir sua ansiedade sem traumas.

Seus pais estarão do lado direito do altar.

Depois de cumprimentar seu sogro, pode dar um beijinho na noiva e tomar seu lugar à direita dela, ambos voltados para o padre.

Na hora dos cumprimentos, comece pela família da noiva. Depois, vocês se cruzam no altar (por trás), e você vai receber os cumprimentos de seus pais e padrinhos.

Alma feminina

Hoje, finalmente as noivas entenderam que os homens também têm sonhos, desejos e sugestões valiosas para o grande dia. E aceitam que as acompanhem em todo o processo de escolha de fornecedores e preparativos. O resultado são casamentos mais descontraídos e originais, e frequentemente "com a cara dos dois".

Visual: homem vaidoso, noivo gostoso

O dia está chegando. Você já deu a maior força à sua noiva e esteve presente em cada detalhe. É hora de cuidar um pouco de si mesmo.

Cortar o cabelo pode ser uma boa ideia, mas não deixe para a última hora. Dez dias antes são suficientes para o corte "assentar" e perder aquele ar pouco natural.

Também não custa deixar o machismo de lado e enfrentar a dupla manicure/pedicure. Não aleija ninguém, e sua noiva vai adorar (mas sem esmalte incolor, por favor!).

Vestuário

A roupa vai depender do estilo do casamento. Se você optou por uma linha mais simples, pode ir de terno sem medo. Durante o dia, use cores mais claras (sem cair no amarelo-canário ou no branco-total radiante, mesmo que a noiva não vá usar um modelo tradicional). À tarde, mais sobriedade, com tons de cinza ou outros tendendo para o escuro. À noite, uma tacada certa é o azul-marinho ou grafite-escuro.

Casamentos mais formais já pedem fraques ou casaca, não importa o horário. Por isso, antes de ceder à insistência de sua eleita para que você use um fraque, pense bem: você já usou um alguma vez? Dê-se o direito de experimentar. Quem sabe você não se olha no espelho e percebe que nasceu para usar um? Ou acaba se achando mais parecido com um porteiro de hotel em noite de gala e desiste – ganhando mais convicção para encarar sua noiva e anunciar que assim não dá.

Outra coisa: é usual pedir aos padrinhos que usem o mesmo estilo de roupa que o noivo. Mas não é preciso impor condições ou uniformes. Isso está longe de ser elegante, e cabe a seus amigos ter discernimento para escolher o que vão usar.

Uma boa maneira de indicar o grau de formalidade da cerimônia é dizer a todos os padrinhos que roupa você vai usar. Assim, eles terão um parâmetro.

Compro ou alugo?

Há várias vantagens em alugar, e a principal delas é que é mais barato. Mas, no caso de roupas masculinas, é bom redobrar a atenção ao acabamento, pois o corte dessas roupas é muito mais complicado e exige mais capricho do que as femininas. Olho vivo e não se acanhe em fazer exigências de ajustes e provar mais de uma vez. E não vale na véspera, quando não há tempo de retificar os ajustes.

Por essa razão, a não ser que você escolha se casar de fraque ou casaca, pode ser muito mais vantajoso comprar ou mandar fazer um bom terno sob medida, que poderá ser aproveitado em outras ocasiões.

Bata o pé e firme seu ponto de vista: assim como sua noiva tem o direito de escolher entre milhares de modelos (e nuances de cor), você deve ter essa mesma liberdade.

Além da gravata, dê uma atenção especial a outros detalhes:

- **Camisa** – Deve estar de acordo com a lapela e o modelo do paletó. Rigorosamente lisa, mas, se você quiser, pode escolher um tom pastel no caso de um casamento durante o dia.

- **Meias** – O ideal é que sejam finas e no tom da calça.

- **Sapatos** – Devem seguir o figurino e também ser do mesmo tom do terno, ou seja, pretos com fraque, casaca e ternos grafite e marinho. Sem inventar.

- **Lenços e faixas** – Vai depender do modelo, mas procure, de maneira geral, manter a discrição. Afinal, esses são apenas detalhes da roupa.

- **Abotoaduras ou capas de botão** – Nada o obriga a usá-las, mas elas vão complementar de forma muito requintada seu visual.

O melhor critério de escolha

Em primeiro lugar, o bom senso. Por essa razão defendo a tese do "abaixo o fraque". O Brasil é um país jovem, tropical e com uma tendência para a informalidade. Assim, nada mais correto do que deixar de lado as casacas pretas pesadas ou os fraques estruturados com seus *plastrons* claustrofóbicos, em favor de confortáveis ternos confeccionados com tecidos adequados para o nosso clima. Mesmo à noite, quando um casamento pode assumir um tom mais formal, um belo terno grafite ou *bleu noir* (marinho quase preto) é absolutamente correto – e infinitamente mais confortável.

Cortando a lista com diplomacia

Uma solução para cortar convidados e evitar excesso de gente na festa sem causar constrangimentos: no convite, os noivos é que convidam – e não mais os pais. Dessa forma evita-se muitas explicações para colegas de trabalho dos pais ou conhecidos que muitas vezes sequer conhecem os noivos mas se sentem íntimos dos pais a ponto de cobrar...

O horário influi

O terno ou costume, tradicionalmente, consiste em calça, colete e paletó. O colete é opcional e nem sempre combina com o tipo físico do noivo. Além de hoje ser raramente usado.

» **Pela manhã** – Antes do meio-dia, você pode escolher entre vários tons de cinza, eventualmente o marinho. Mas o mais alinhado é o cinza-grafite. No verão, não hesite em usar tecidos mais leves. O linho é superfresco e ideal para casamentos na praia ou no campo, mas leve em conta que esse tecido amassa. Embora essa seja uma característica desejável (pois quanto mais amassado, mais puro o linho), há quem não curta esse visual tão casual.

A camisa e a gravata devem combinar com o terno, e você pode se divertir ousando um pouco na estampa e na cor da gravata. Afinal de contas, você é o noivo, não é? Se for mais arrojado, pode tentar um terno verde-garrafa bem escuro ou havana. Mas, aí, apenas no caso de terem optado por uma comemoração mais informal.

- **À tarde** – Mais uma vez os de cor grafite e marinho são a melhor pedida, principalmente se a cerimônia for no fim da tarde. Com sapatos pretos. A gravata pode ter algum detalhe mais divertido, pois ainda não escureceu, e os tons da camisa podem ser mais variados, desde que bem clarinhos.

- **À noite** – Terno grafite-escuro ou marinho quase preto. A camisa deve ser mais formal, branca ou azul muito claro, e a gravata, com motivos mais discretos. Sapatos pretos e, por favor, nada de verniz.

Para não errar

Tenha em mente que a camisa deve ser sempre mais clara que o terno, e a gravata em tons sempre mais escuros que a camisa. O noivo deve usar camisa social e lisa. As gravatas, de forma geral, discretas e sem estampas exageradas.

Mas você não se sentirá "desbotado" com tanta discrição. Afinal de contas, durante o dia os ternos variam entre algumas tonalidades, e a camisa pode ser amarelo-clarinho, rosa-claro, azul-pastel ou branca.

Se, por algum motivo, você está pensando em usar um traje mais formal que o terno, veja a seguir quais são as variações e como usá-las.

Casaca

» **Quando usar** – Praticamente só é usada em casamentos superformais e depois das 21 horas. Nesses casos, todos os convidados devem usar smoking.

» **Como é** – A casaca consiste num paletó preto curto na frente com cauda longa, bipartida. A calça também é preta, a camisa é branca com colarinho alto dobrado nas pontas e gravata-borboleta preta. Complementando o traje, usa-se uma faixa larga preta na cintura.

Dinner Jacket (ou meia casaca)

» **Quando usar** – Em casamentos muito formais, à noite. É ideal para pessoas de baixa estatura.

» **Como é** – Calça preta e paletó preto curto sem cauda. Camisa branca de gola alta e gravata-borboleta preta. Algumas lojas podem tentar lhe oferecer versões em marinho ou perolada para o traje. Não caia nessa em hipótese alguma. Nem se você for artista de circo.

Fraque

» **Quando usar** – Erroneamente – e repito: erroneamente –, o fraque é indicado para casamentos realizados à noite ou mais formais. Porém, o fraque é usado durante o dia em casamentos europeus – é a versão mais esportiva do "gala", que se usa com casaca branca.

Caso contrário, é perfeitamente correto usar um terno escuro (grafite ou marinho-escuro), de caimento impecável.

Como é – A calça do fraque é em tecido risca de giz, o paletó é cinza-grafite com cauda longa (não tanto quanto o da casaca) e deve ser usado abotoado. O colete do fraque é preto, e há duas opções de camisa. Com a camisa social branca, usa-se uma gravata social cinza-prateado. Com a camisa branca de gola alta e pontas dobradas, usa-se o *plastrom*, que é uma gravata de cetim cinza-perolado, mais larga e com as pontas arredondadas.

Cravo na lapela? – Claro que sim! Se você escolheu se casar de fraque é porque gosta de uma roupa mais formal, com tudo que tem direito. Sendo assim, não pode dispensar o cravo. Diz a tradição que os noivos devem usar cravos brancos, e os padrinhos, cravos vermelhos. Mas nada o impede de escolher a cor que quiser no dia do seu casamento. O branco certamente vai lhe dar um ar muito mais distinto; porém, hoje há muitas nuances suaves de cor, mesmo nessas flores obtidas por meio de milagrosas técnicas de enxerto.

Meio fraque

Quando usar – A rigor, nunca, pois é uma versão do fraque "inventada" pelos latinos. O meio fraque acaba sendo indicado para casamentos durante o dia ou para os mais informais. Mas é claro que de informal não tem nada.

Como é – A calça é em tecido risca de giz, como a do fraque, e o paletó, cinza-grafite, mas sem a cauda, e é usado desabotoado. O colete é preto, com camisa branca social e gravata social cinza.

Agora me diga se dá para ficar elegante no dia do seu casamento com um paletó aberto, esvoaçando conforme você se movimenta?

Smoking

✂ **Quando usar** – Apenas à noite, em casamentos nos quais se pede traje a rigor ou *black tie*. Todos os convidados deverão estar de smoking.

✂ **Como é** – Calça preta com faixa acetinada nas laterais, paletó preto com lapela acetinada, camisa branca (gola alta opcional) e gravata-borboleta preta. O nome já diz: *black tie*. Portanto, não aceite nenhuma variação no tom da gravata nem no da faixa, que deve ser acetinada e preta. A não ser que você seja artista de circo.

Roupa do pai do noivo e do pai da noiva

Roupa alugada

Se os noivos escolheram um casamento mais formal, com o noivo usando fraque, não tem jeito: você vai ter de entrar na onda, seja pai do noivo ou da noiva. Se já tem um fraque e este está lhe caindo lindamente, parabéns: é uma raridade. No entanto, se não tiver, é o caso de alugar um, que, com os devidos ajustes, ficará tão bom quanto se fosse feito sob medida.

Mas os ajustes consomem algum tempo. Verifique também se o preço do aluguel inclui esses ajustes, para o barato não sair caro. Não esqueça os detalhes: camisa, meias e sapatos devem estar de acordo com o fraque. E, por falar em estar de acordo, se for usar fraque, não aceite sugestões de variação na cor da gravata ou outros detalhes. A camisa deve ser branca e, se for social simples, use-a com gravata cinza-prata. Com camisa branca de gola alta de pontas viradas usa-se o *plastrom*, que é uma gravata cinza-prata mais larga, de pontas arredondadas. O colete é preto e deve ser usado abotoado.

É claro que existem muitas, muitísssimas variações de camisas, gravatas, golas e *plastrons*. Hoje há tecidos de paletós com brilhos e texturas variados e até muito atraentes. Beleza. Você pode e deve experimentar e ousar. Mas seja crítico e não se deixe levar demais pelo embalo nupcial. Veja se com o traje completo com tantas inovações você não vai ficar mais fantasiado do que elegante.

Roupa sob medida

Independentemente do horário do casamento, você deve estar ligeiramente mais "formal" do que os convidados (a não ser no caso de um casamento na praia, à beira-mar, ou um churrascão no sítio).

Mas na igreja, pela manhã, à tarde ou à noite, dê preferência a ternos mais sóbrios (grafite de manhã e à tarde, marinho-escuro ou grafite mais escuro à noite).

Sapatos e meias são pretos em ambos os casos, e as gravatas, com estampas discretas.

A camisa deve ser social, lisa, branca, azul bem claro ou, no máximo, um rosa-claríssimo, se você for mais ousado ou o casamento acontecer pela manhã.

Lencinhos combinando com a gravata podem dar um toque de cor interessante, mas apenas combinando e jamais com a mesma estampa. Lembre-se de ajeitá-lo displicentemente dobrado no bolso do paletó, com apenas dois dedinhos de pontas para fora.

IZIS DORILEO

Izis Dorileo tem um rosto bonito e um corpo de curvas sensuais compactado em pouco mais de um 1,50 metro de altura. Minha avó diria que ela é "*bien fichú*", o equivalente em francês para "bem-acabada". Mamãe, também criada pelas freiras francesas, diria que ela é "*soignée*" – a versão de bem-acabada, acrescida de uma qualidade de elegância perene.

Mas quem conhece essa cuiabana, referência no Centro-Oeste quando se fala em eventos que necessitem de alguém que "faça acontecer" e execute façanhas quase impossíveis, sabe que atrás da aparência de boa moça, sempre calçada com lindos sapatos de saltos altíssimos, está uma cerimonialista nata com vontade de ferro, que não se deixa intimidar por projetos mirabolantes e muito menos por clientes malcriados ou sem noção.

O DNA das festas está no seu sangue: desde os cinco anos de idade inventava eventos nos quais criava até mesmo os modelos das roupas que seriam usadas e, muitas vezes "desfiladas" para que familiares e amigos dos pais participassem.

Mais tarde, casada e com dois filhos, era ela quem organizava as festinhas na escola e dava uma mão a quem quisesse em eventos beneficentes. Até então, tinha um enorme gosto pelo palco – à frente e atrás, nos bastidores e na organização –, mas nem sonhava em se tornar cerimonialista. Era uma bem-sucedida mãe de família e assistente social.

Porém, na década de 1990, insatisfeita com o rumo que a profissão tomava, pediu a seu chefe na Universidade Federal de Mato Grosso que a remanejasse para uma área em que pudesse ser mais útil. Quando ele lhe disse que precisava de alguém para o Cerimonial e que ajudasse a organizar as formaturas, nem piscou e aceitou. Mas antes, tratou de fazer um curso de cerimonial em Brasília e se filiar ao Comitê Nacional de Cerimonial Público.

Foi o momento da virada em sua vida: a primeira formatura que organizou foi a de uma turma 100% masculina, cujos formandos já haviam combinado que queriam usar terno com cintos e botas de caubói. Por mais heterodoxo que parecesse, Izis entrou no espírito e não deixou por menos: contratou um locutor de rodeios como mestre de cerimônias e um tocador de berrante para dar início ao evento.

A noite foi tão marcante que em pouco tempo ela estava organizando a maioria das formaturas de sua cidade – e daí para abrir sua empresa e se especializar em eventos sociais foi um processo natural.

Izis é responsável em boa parte pela profissionalização do mercado de eventos no Centro-Oeste. Até vinte anos atrás as festas eram organizadas, em sua maioria, pelos colunistas sociais da cidade. É um mercado ainda jovem e, segundo ela, ainda com muito para aprender e amadurecer. Tem características muito próprias e, como tudo naquela região, prima pela exuberância e abundância: lá uma festa pequena e quase íntima tem de duzentos a trezentos convidados.

Por ser um assunto ainda recente na vida das pessoas, é muito comum que os clientes não entendam bem a importância de um cerimonialista para o planejamento e a boa execução de um evento. Izis chegou a ouvir de um deles uma comparação de seu orçamento com a saca de soja e o valor do boi gordo.

Ora, pode até parecer justo do ponto de vista de quem só lida com esses produtos, mas ela estava com toda a razão para ficar danada da vida e enquadrar o sujeito explicando que boi gordo e sacas de soja dificilmente causariam a mesma sensação de plenitude e magia que ficaria ao final de uma noite planejada de acordo com os sonhos dos noivos em questão.

Embora hoje sinta falta de um envolvimento maior das famílias nos casamentos, Izis faz o impossível acontecer. Parece exagero? Então veja esta: uma noiva quis fazer uma surpresa a seu amado na hora do "sim". O casamento era ao ar livre e precisamente naquele momento um helicóptero deveria passar sobre o casal despejando uma chuva de pétalas de rosas! Tudo isso sem muito vento para não desmanchar os cabelos e as roupas dos convidados.

Até aí, beleza. Contratado um piloto extracraque, o problema maior era sincronizar o voo para que chegasse bem na hora (e não estragasse a surpresa com o barulho), e convencer o padre a seguir o script minuciosamente para que batesse com os minutos de voo até o local. Pois não é que deu certo? Segundo Izis, só ela percebeu os olhares aflitos do padre para os céus, e da noiva para ela que, linda, comandava o show e tratava de tranquilizar a todos...

Acharam fácil? Então vejam a ousadia dessa outra noiva que teve como cúmplice a nossa Izis: uma atriz da Globo ia se casar, mas o casamento iria ser surpresa... *para o próprio noivo*, que iria crente que se tratava do casamento de outro casal.

Fizeram convites falsos para ele e organizaram sua viagem com a noiva separada da das famílias, para que ele chegasse ao local achando que era um mero padrinho. No dia, Izis disse que sua noiva estaria acompanhando a outra noiva (a falsa) para se vestir e assim a noiva verdadeira pôde se arrumar e chegar linda ao casamento.

Àquela altura, seu noivo verdadeiro já havia sido informado de toda a trama por uma longa e terna carta – e achou tudo o máximo! E pronunciou o sim aos prantos, emocionado com o gesto da amada...

É muita coragem, não acham? Da noiva sem dúvida e mais ainda de Izis, ao embarcar como cúmplice, concretizando o sonho e fazendo tudo acontecer – como se fosse a coisa mais natural do mundo.

CAPÍTULO 7

Festa: ritmo e logística definem o sucesso

O que servir

O cardápio é um ótimo ponto de partida para alinhavar sua festa. Você pode optar pela gastronomia de um determinado país ou região, como um jantar só de comida árabe ou japonesa (sem radicalismo e com algumas adaptações); ou ainda só pratos à base de massas e um cardápio típico italiano; ou então a comida regional brasileira (baiana, mineira, amazônica etc.).

As alternativas são muito ricas, tanto no sabor quanto na estética. Vale a pena considerar essa opção, pois assim você também poderá dar todo o tom da festa de acordo com o cardápio. Isso não significa que sua festa vai se transformar num baile à fantasia, mas que você permitirá que a fantasia permeie seu casamento de maneira sutil e muito elegante. É uma forma original de quebrar um pouco a monotonia dos inevitáveis salgadinhos e canapés com patê, tão comuns em festas grandes.

Cerveja sim!

Em algumas regiões mais quentes do país e principalmente no Centro-Oeste, não existe casamento sem uma boa cerveja servida gelada. Em taças e com os garçons entornando a garrafa cuidadosamente – com ou sem colarinho ao gosto do convidado.

Se você optar por servir cardápios clássicos, saiba que, mesmo numa festa maior, que sirva uma refeição completa, não é o caso de exagerar na quantidade de pratos. Seja qual for o tipo de comida escolhido, tenha sempre em mente que o que importa é a qualidade e apresentação, e não a quantidade e a ostentação.

Baseie seu critério de escolha em dois fatores importantes: clima e horário.

Clima – Não adianta servir uma fumegante e perfumada bisque de camarão ou lagosta em Belém do Pará, onde dificilmente os termômetros indicam menos de 28 graus. Assim como não dá para servir um exótico e decorativo bufê de sushis em uma festa na serra gaúcha em pleno mês de julho.

Horário – Vatapá e *cassoulet* podem até ser uma ótima pedida. Mas não à noite. Esse tipo de alimentação mais substanciosa é mais adequado para festas durante o dia.

Levando isso em consideração, você poderá escolher entre um leque de alternativas. Apenas para sua orientação, aqui vão alguns exemplos de cardápios e opções de tipo de serviço.

Informação é a força!

Se quiser que a festa dure, além do cardápio do que se vai comer, faça outro com a programação da festa e principalmente o "cardápio musical". Dessa forma os convidados sabem o que está por vir e podem administrar seu tempo e expectativas.

Brunch

É a mistura de *breakfast* (café da manhã) com *lunch* (almoço). Pode ser servido a partir das onze horas e durante toda a tarde. Café, chocolate, sucos de frutas variados se alternam com todo tipo de pães, queijos, frios e geleias, tortas salgadas, bolos e doces.

O fato de um *brunch* ser tão eclético não quer dizer que você possa incluir uma feijoada e um estrogonofe para "reforçar". Na verdade, a graça desse tipo de serviço é a simplicidade: tudo que é servido pode ser comido em pratos pequenos, com talheres de sobremesa. O que acaba facilitando e (no caso de aluguel de material) barateando imensamente.

Espumante e bolo

É uma forma simpática de comemorar o casamento e, sem dúvida, pode facilitar sua vida. O espumante com bolo pode ser servido praticamente em qualquer horário, sendo mais adequado ao período da tarde ou final da manhã. Ao contrário do que muita gente imagina, essa não é necessariamente uma comemoração para quem "não tem muitas condições" de pagar por algo mais.

Ao optar por servir champanhe de boa qualidade com doces sofisticados e um bolo especial, sua festa pode ganhar um inegável toque de classe. E a quantia que você estaria investindo em canapés, entradas, pratos intermediários e sobremesas estaria toda muito bem-aplicada com requinte para ninguém botar defeito.

Coquetel

É um estilo intermediário, em que se podem servir canapés e salgadinhos, vários tipos de bebida e sucos e, no fim da noite, doces e bolo.

É mais indicado para casamentos no fim da tarde e começo da noite.

Não exige tantas mesas e cadeiras, pois é possível comer tudo o que é servido em pé ou em *lounges* montados para isso. Você gasta menos com garçons e, outra vantagem: os convidados podem circular mais à vontade do que se estivessem sentados à mesa.

Se seu casamento for depois das dezenove horas e mesmo assim você quiser optar por um coquetel, é o caso de reforçar o cardápio com um prato quente. Este pode variar desde crepes com arroz até um risoto ou bobó de camarão.

O importante é que seja um prato que possa ser degustado apenas com garfo, pois o manuseio de garfo e faca fora de mesinhas é mais difícil.

Almoço ou jantar completos

É a suprema delícia: uma refeição completa em uma festa com gente animada e bem-vestida. Se você quiser servir tudo a que seus convidados têm direito, veja a seguir:

- Canapés e salgadinhos
- Entrada ou caldo
- Primeiro prato (crepes, risotos, tortas folhadas salgadas, massas)
- Carne, ave ou peixe com dois tipos de salada, *terrines* ou legumes quentes
- Sobremesa

Mas, como tudo na vida, aqui também é possível simplificar. Você pode não servir a entrada. Canapés e salgadinhos dão perfeitamente conta do recado. Assim como pode tranquilamente dispensar uma das duas saladas e servir apenas a carne ou a ave, eliminando sumariamente o peixe. E pular a sobremesa, servindo o bolo e abrindo a mesa de doces em seguida. Facilita o serviço, barateia o custo e demora muito menos, sobrando mais tempo para aproveitar a festa dançando ou circulando entre os amigos.

Bufê para servir-se à vontade

No Centro-Oeste, o serviço empratado simplesmente não pegou. É que lá os convidados gostam de servir-se pessoalmente e não dispensam a ida ao bufê. Em alguns casamentos mais requintados, adota-se o serviço à francesa. Porém, a "ida ao bufê" permite sair da mesa e circular pelo salão interagindo com as pessoas.

Churrasco

De preferência malpassada...

No Sul do país não é apenas o vinho tinto que não pode faltar, mas também a carne vermelha, que, como se sabe, é uma das maiores estrelas da gastronomia local.

É por que não? É claro que deverá ser um casamento no campo ou ao ar livre, durante o dia. E pode ser muito divertido: carnes variadas, muitos pães e uma grande variedade de saladas e folhas verdes para acompanhar. Caipirinha, cerveja e sucos em abundância para rebater.

Seus convidados vão poder deitar e rolar, mas vocês, noivos, devem tentar não exagerar nos comes e bebes, para aproveitar a festa lindamente sem ter de apelar para um digestivo.

O nome da loura preto no branco

A maior prova de que as cervejas viraram estrelas maiores dos casamentos é que a marca da cerveja pedida pelos noivos tem que constar no contrato de prestação de serviços. Justíssimo, afinal de contas, assim como no caso de champanhes e espumantes, trata-se de uma questão de preferência, certo?

Cardápios econômicos

Muitas vezes, além de mais econômicos, são mais leves e originais.

Para atender a todos e economizar

Esse expediente funciona e é muito usado em casamentos maiores: coloca-se uma quantidade maior de mesa de frios e ilhas abertas por mais tempo. Dessa forma, quem tem fome serve-se e muitas vezes vai para casa (como a turma dos mais velhos e dos menos notívagos) e o jantar propriamente dito é servido mais tarde e para uma quantidade menor de pessoas. Segundo os especialistas, economiza-se muito.

- **Bufê de massas** – E por que não? Uma divertida variedade de massas em vários formatos e cores, com molhos perfumados e coloridos, escolhidos conforme o momento. Para acompanhar, apenas duas qualidades de salada e doces caseiros. Ninguém vai morrer de fome e é supersaboroso, concorda?

- **Bufê vegetariano** – Torta de legumes, *panachés*, lasanhas de berinjela ou champignon, *terrines* e saladas à vontade. As alternativas são variadas. E pode ser muito decorativo, além de proporcionar fácil digestão.

- ***Finger food* e minicumbucas** – Já não é mais novidade e vieram para ficar: a *finger food* (canapés variados para se comer com as mãos, como diz o nome) e os

Prato de gente grande

Os menus degustação em mini-cumbucas não são muito populares no Nordeste, onde a prioridade é a comida em fartura. Aliás, lá é comum usarem pratos de louça maiores do que os normais, na medida de *sousplats* – dessa forma é possível acomodar maior quantidade de comida sem ter que voltar ao bufê.

cardápios de degustação com vários pratos servidos em minicumbucas e porções pequenas têm a vantagem de poderem ser degustados em pé sem exigir mesa com lugares fixos. Dessa forma a circulação entre os convidados é maior e o espaço mais bem-aproveitado.

Consulte o chef

Converse com o chef sobre as possibilidades de obter ingredientes diferentes, mais baratos e fáceis de encontrar na época do ano em que você vai se casar.

Você vai se surpreender com a quantidade de produtos que às vezes nem sabemos que existem e que produzem receitas mais saborosas e originais.

E o chef vai ficar encantado em poder exercitar um pouco sua criatividade.

Camarões para todos os gostos

Cada região tem a sua especificidade, por isso é importante consultar um chef local. No Nordeste, por exemplo, casamento elegante tem que ter camarão. E, quanto mais, melhor. Assim, tradicionalmente servem-se pelo menos três variações; um tempurá com molhos de tangerina e gengibre, um camarão ao vinagrete e um terceiro ao leite de coco.

Ritmo nos serviços: segredo para tudo dar certo

Instrua o bufê sobre o intervalo de tempo para servir as bebidas, as entradas, o jantar e a sobremesa. É muito importante que cada convidado tenha tempo para saborear a comida tranquilamente e, sobretudo, que não fique esperando horas pelo próximo prato.

Na hora das fotos, alguém estará encarregado de reunir convidados, padrinhos, mães e pais. Não adianta gesticular feito louca. Isso só vai fazer com que, na foto, você saia com a expressão agoniada!

Na hora do jantar, sente-se e coma. Você já instruiu todos sobre tudo, lembra-se? E nada de comentar sobre o serviço nesse momento. Deixe as broncas para depois.

O tradicional bolo deve ser cortado logo após a sobremesa. Um atraso pode criar aquele clima de "mas você não vai esperar pelo bolo?". Sabemos que o ideal é só sair da festa depois que os noivos já cortaram o bolo, por isso não deixe para fazer isso quando todos já estiverem próximos à porta.

A música é outro ponto-chave numa festa. Você deve instruir os responsáveis para que no começo seja animada, mas não agitada demais; durante o jantar, mais suave; e, depois, o mais contagiante possível.

Bolo ou mesa de sobremesas?

Os dois, claro. Hoje a mesa de sobremesas com doces caseiros desenformados aos poucos recuperou seu lugar nos casamentos. Calma, ninguém está dispensando a majestosa mesa de docinhos

Antes de virar abóbora

A tendência começou no Rio de Janeiro e começa a se espalhar pelo país: os noivos cortam o bolo no início da festa. Dessa forma, liberam os mais velhos para irem para casa mais cedo e, de quebra, ainda posam para a foto enquanto ambos ainda estão compostos antes de cair na pista...

sofisticados, mas essa agora fica mais perto do café, em um ambiente já a caminho da saída.

No salão, a mesa com várias sobremesas diferentes e coloridas, com texturas variadas e sabores para todos os gostos tem a vantagem de os convidados poderem se servir em pratinhos como quiserem e com mais de uma sobremesa, se for o caso.

Várias opções de bolo

Até mesmo o singelo bolo de noiva está sujeito às modas do mercado casamenteiro. Já houve a moda dos bolos horizontais imensos (fáceis de cortar e dificílimos de transportar).

Depois vieram os verticais com muitos andares – quase impossíveis de cortar, mas muito decorativos.

Os brancos com rendas glaceadas ao redor, os coloridos em dégradê – uma festa mesmo, afinal bolo tem de ser lúdico.

Hoje vivemos a moda do *naked cake* – que é aquele sem a cobertura e que nos permite ver o recheio. Pelado como a palavra mesmo diz em inglês.

Pois escolha seu bolo pela preferência gastronômica – sua e de seu noivo – e não abra mão do seu sabor preferido nesse dia!

Se não fizer isso, aumentam as chances de cair em uma das inúmeras armadilhas da indústria matrimonial!

O bolo deve ser basicamente simples, com apenas um, no máximo dois sabores de recheio. Uma cobertura bonita e, se quiserem, pequenos enfeites que não atrapalhem na hora do cortá-lo.

Alguns bufês cobram o bolo "por cabeça", encarecendo assim, sem necessidade, o total da conta. Além do mais, dificilmente farão um bolo com o mesmo capricho de sua doceira preferida ou daquela sua tia tão prendada.

Acredite: um bom bolo caseiro enfeitado com carinho pode ser muito mais saboroso e fresco do que todos os bolos "profissionais" do mundo.

Economia é fundamental, por isso não pense duas vezes: confira com o bufê a possibilidade de você mesma providenciar o bolo.

Entre encomendar um bolo a seu gosto em alguma doceira de sua preferência e pedir um de presente àquela tia quituteira que marcou sua infância com doces inesquecíveis, escolha a segunda opção. Ela vai se sentir superimportante e você ainda vai poder gastar a quantia economizada em outro detalhe gratificante.

Uma boa ideia é providenciar um bolo alternativo para as crianças. Isso mesmo! Como o bolo da noiva é cortado mais tarde, é uma pena fazer com que elas fiquem de olho comprido naquele monumento colorido e enfeitado. E já que não têm o direito nem de chegar perto, providencie um bolo especial para elas logo depois da refeição. Todas ficarão tão satisfeitas que vão até esquecer de furar o bolo oficial com seus dedinhos.

O local da festa

No momento em que decidir como vai ser sua festa, resta apenas saber se você vai preferir usar a infraestrutura e os serviços de um salão de festas, um bufê ou um clube, ou se você receberá seus amigos em casa. As duas alternativas têm vantagens e desvantagens.

A festa em casa é, sem dúvida, uma forma mais pessoal e elegante de comemorar um casamento. Se optar por esta, programe uma festa adequada a seu espaço. Isso significa que sua casa deve comportar confortavelmente o número de convidados previstos, bem como deve ter uma infraestrutura de serviço compatível.

Sua cozinha permite a entrada de fogões industriais? A circulação de sua área de serviço dá para um contingente de vinte garçons?

Finalmente, se estiver pensando numa comemoração muito pequena e íntima, organizá-la em casa sempre será mais fácil e confortável, além de mais adequado.

Dentro ou fora de casa?

Independentemente do estilo ou do horário, vocês também deverão resolver se querem um casamento dentro ou fora de casa. Faz uma enorme diferença na organização e na montagem dos ambientes. Lembre-se de que, dependendo do tamanho da festa, a opção pelo ambiente interno pode acarretar em pelo menos uma semana de preparativos "desalojando" parte do mobiliário de sua casa, o que se reflete em alguns incômodos.

Já se você tiver um belo espaço fora, considere a montagem de uma cobertura – dispendiosa sem dúvida, porém adequada para dar vazão a todas as fantasias românticas que lhe ocorrerem.

Ainda: é preciso levar em conta a época do ano para a qual está programada a festa: não pode ser frio demais, nem na estação de chuvas. Também não pode estar quente demais, pois ninguém merece ficar torrando ao sol ou assar sob uma cobertura quente, por mais que seja bonita.

Além da cobertura, é preciso lembrar da estrutura de forração de piso, transporte de mesas e cadeiras para o local praticamente no dia.

Um casamento na praia exige o mesmo tipo de precaução, mas tem a vantagem de contar com a beleza da paisagem e não ser tão formal quanto aquele feito na cidade.

Festa em bufê/salão ou clube

Os bufês profissionais têm a grande vantagem de oferecer uma série de serviços acoplados: mesas e cadeiras, toalhas e talheres, decoração, manobrista etc. Na verdade, eles têm toda uma engrenagem muito bem-azeitada para trabalhar com bastante eficiência.

Mas eficiência e praticidade nem sempre andam juntas com o bom gosto e a elegância. Por isso, questione sempre que não achar determinado item bonito ou adequado. Pergunte se não dá para substituir, faça sugestões e não se acanhe em dizer o que acha.

Lounges multi-funcionais

Os *lounges* vieram para ficar: podem servir para sentar, apoiar bolsas ou mesmo para comer. E dá mais dinâmica à festa, uma vez que as pessoas podem circular mais e se revesar para sentar e comer – coisa que, na mesa com lugares fixos, não acontece. Mas no Centro-Oeste não pegou: eles servem mais para apoio do staff, e como ponto para depositar material como bolsas de fotógrafos e pastas das cerimonialistas.

Serviços e restrições

Primeiro, informe-se sobre as restrições do bufê. Se quiser, por exemplo, contrate um *maître* de sua preferência, certifique-se de que não haverá nenhum problema. Se não for possível, veja se o gerente da casa prepara tudo a seu gosto.

Confira também os banheiros. Veja se as salas são espaçosas e se podem acomodar pessoas com deficiência. Os microfones estão

De porta a porta

Com o aumento do consumo de álcool e maior conscientização de motoristas que não dirigem se beberem, já está aperfeiçoado o serviço de vans para levar os convidados: da igreja para o salão (pois já estarão sem carro) e de lá para a casa. É um custo extra, mas que vale a pena pelo conforto que oferece a todos.

funcionando? O DJ ou a banda tem alguma dúvida sobre os equipamentos de som?

Louça, copos, toalhas de mesa, seguranças no local. Isso tudo está incluído nos serviços oferecidos pela casa ou você terá de pagar à parte?

Verifique o estacionamento. Haverá vagar suficientes para todos? Os convidados terão de andar muito de lá até a recepção? Da igreja para a festa, é muito distante? Providencie mapas.

Acerte as contas com o bufê

Há várias maneiras de contornar os preços altos, mesmo com um bom bufê. Faça questão absoluta de que cada orçamento discrimine até o último detalhe, item por item.

Dessa forma, você poderá controlar muito melhor o que será gasto.

Se achar que determinada entrada está cara, sempre poderá sugerir uma substituição mais em conta.

Se achar um exagero tantos quilos de soverte, discuta isso com o gerente. Jamais, nunca mesmo, aceite um orçamento com os itens descritos "por alto" ou com o total por pessoa.

Além do preço da comida, você deve observar os preços de cada item separadamente na hora de tratar do aluguel. Uma amiga minha acabou descobrindo que o que fazia a maior diferença eram as cadeiras. O bufê apresentou uma conta de cadeiras em que cada uma custava cinco vezes mais do que outro modelo perfeitamente adequado. Pois é: quem não chora não mama mesmo!

Informações importantes

Para argumentar com segurança, é importante que você tenha conhecimento de causa. Assim, mesmo que não seja uma especialista, é bom conhecer algumas medidas e quantidades padrão usadas para calcular bebida e comida em grandes festas. Dessa forma, será mais fácil pechinchar com o gerente do bufê e oferecer soluções alternativas. E você não corre risco de fazer feio e faltar comida ou bebida em sua festa.

Água no feijão

Nos casamentos evangélicos, por não haver consumo de álcool, os especialistas aconselham que se dobre o volume dos docinhos e canapés que são consumidos em maior quantidade. De modo que, nesses casos, se façam vinte unidades para cada convidado.

Garçons: um para cada quinze pessoas em coquetéis e um para cada oito ou dez em jantares sentados.

Um fato que chama atenção e com o qual todos os banqueteiros e consultores de casamentos concordam é que a quantidade de bebida consumida aumentou consideravelmente nos últimos vinte anos. Antes uma garrafa de vinho servia quatro pessoas, hoje, quando muito, serve duas. Se isso é bom não sei – porém, é preciso designar alguém para ficar muito esperto e atento durante a festa e tentar perceber se o consumo não está exagerado, para evitar confusão.

Acha demais? Mais adiante, relato o mico – beirando a tragédia – vivenciado pela cerimonialista Izis Dorileo em Mato Grosso. É o mais perfeito exemplo de que esse tipo de exagero deve ser evitado a todo custo.

Animação não depende de consumo excessivo de álcool – ao contrário.

- Vinho: 1 garrafa para cada duas a três pessoas.
- Uísque: 1 garrafa para cada seis a oito pessoas.
- Espumante: 1 garrafa para duas pessoas e, às vezes, até 1 para uma!

- Refrigerante e água: ½ litro por pessoa, considerando todos os tipos de refrigerante e a água.
- Suco de tomate: 1 garrafa de 750 mililitros para cada dez pessoas.
- Coquetéis de frutas: 1 garrafa de 750 mililitros para cada quinze pessoas.
- Salgadinhos: dez por pessoa, no caso de serviço de jantar depois, e de quinze a dezoito por pessoa quando se trata de um coquetel simples.

Essas quantidades podem variar conforme a região, o tipo de serviço e a comida que será servida, mas podem ser usadas como referência.

Tinto para esquentar!

Em algumas regiões do Brasil como Norte e Nordeste, o vinho tinto não é servido nos casamentos em função das temperaturas mais elevadas e da preferência por espumantes. Porém, nos estados do Sul do país, o vinho tinto é indispensável: além de aquecer nas noites mais frias, faz parte da cultura local e não servi-lo é considerado, no mínimo, uma falha.

Visual dos pratos

A apresentação é tão importante quanto o sabor, por isso não deixe de pedir para ver fotos de outras festas para ter uma noção do que esperar no dia da sua.

Estabeleça seu limite

Desconfie de bufês que não ajustam os preços a seu orçamento. Sempre há soluções, e cabe a eles sugeri-las a contento.

Cuidado com a variedade e a quantidade de pratos

Pode encarecer não apenas pela quantidade em si, mas também porque, se estiver alugando pratos e talheres, é natural que se use o dobro de cada elemento ao servir, em vez de uma sobremesa, dois outros tipos de doces e sorvetes. Você vai se surpreender com quanto é possível economizar apenas observando esses pequenos detalhes.

Infraestrutura

Se decidir organizar a festa em local que não tenha a infraestrutura programada dos bufês profissionais, certifique-se de que algumas instalações básicas sejam oferecidas:

São necessários, no mínimo, quatro banheiros – com relativo espaço de circulação. Se não houver, é o caso de providenciar banheiros móveis.

- Verifique a distância até o local da igreja (se for perto, facilita muito).
- O local tem uma boa área de estacionamento?
- É necessário contratar serviço de manobrista?
- Você vai precisar alugar mesas e cadeiras ou o bufê as fornece?
- Talheres, pratos e copos: o bufê tem ou você deve alugar?
- Há espaço para uma pista de dança?
- Como é a instalação elétrica? (Com todos os recursos e apoios eletrônicos hoje, esse detalhe é fundamental.)
- Você pode trazer quaisquer profissionais de sua escolha? (Chefs, garçons, floristas?)
- O que mais o bufê pode providenciar? Sempre por escrito.

Alto luxo no banheiro

Alguns casamentos em bufês mais espaçosos e com uma produção de alto luxo oferecem um mimo que pode salvar a noite dependendo do caso: nos banheiros ou mesmo nas salas contíguas a eles, é montado uma espécie de *boudoir* ou camarim com uma costureira e passadeira a postos para desamassar roupas e dar eventuais retoques a um vestido danificado. Enquanto as profissionais trabalham, é possível descansar sobre "*rècamiers*" no melhor estilo Paulina Bonaparte – e depois voltar a festa novamente, linda e refrescada.

Finalmente, certifique-se de que o local estará absolutamente livre na véspera, ou na manhã do grande dia, para você entrar com a decoração e montagem da festa sem atropelos. Ainda é preciso saber quem vai ficar lá para receber todo o material de aluguel que porventura chegue, tanto na véspera quanto no dia.

O salão da igreja

Pode ser uma ótima opção, principalmente para comemorações com um serviço menos complicado, como bolo e espumante ou um coquetel. E tem a vantagem de evitar um deslocamento a mais para todos.

Não é indicado para festas muito grandes, pois nem sempre o espaço desses salões acomoda bem tanta gente. No entanto, muitas vezes é possível adequar o espaço montando *lounges* confortáveis.

No caso do salão da igreja, você precisa se certificar com muito cuidado de toda a infraestrutura, pois, embora algumas paróquias tenham melhorado muito seus serviços para atender as festas, elas não são especialistas nesse tipo de serviço, ao contrário dos bufês.

Serviços extras

Além do planejamento de todo o "corpo" da festa, é preciso se lembrar de alguns serviços que não podem faltar para complementar com eficiência todo o resto. A falta deles (que parecem insignificantes isoladamente) numa festa de maior porte pode gerar uma enorme confusão e mal-estar. Por isso providencie com bastante antecedência.

Estacionamento – Como vai ser? Você pode optar por contratar uma empresa de estacionamento ou, no caso de uma festa menor, chamar por sua conta alguns profissionais de sua confiança. É preciso verificar também como é a área de estacionamento e, no caso de um bufê no centro da cidade, qual é o procedimento padrão do local e quais as áreas usadas para isso nos arredores.

Copeiras/garçons – Quando o bufê fornece tudo, não há problema. Se a festa for em casa, convém conferir se o número de copeiros vai dar conta dos convidados esperados. O ideal é um copeiro (ou copeira) para cada dez ou doze convidados.

Os legítimos, naturalmente

Hoje a moda de distribuir adereços como óculos escuros, boás de penas e outras bugigangas já passou. Porém, ninguém dispensa um par de bons chinelos de dedo, que vêm sendo devidamente personalizados e trabalhados com os nomes dos noivos e outras referências que eles desejarem.

Música na festa

Primeiro passo: escolha entre a música ao vivo e a eletrônica. É claro que música ao vivo é sempre mais divertido. Mas são necessárias algumas observações.

Se você ouviu em CD o repertório da banda escolhida, acerte no contrato que o número de músicos presentes no dia vai ser o mesmo da gravação. Um instrumento a menos pode fazer a maior diferença.

O forte da banda é o vocalista que tem uma voz maravilhosa: beleza. Estipule no contrato que ele está sendo contratado, para não levar gato por lebre.

- Bandas têm de fazer pausas, porque os músicos não são de ferro. Combine direito quantas pausas são necessárias (e de quanto tempo).

- Faça questão de escolher boa parte do repertório. É um bom momento para criar um clima especial, escolhendo canções que tenham alguma relação com os noivos.

É o que temos!

É comum hoje vermos casamentos com shows de cantores tão conhecidos quanto caros: os cachês variam a partir de 20 mil dólares! Se não estiver de acordo com seu orçamento, seja esperta: em todo lugar há bandas ótimas, com cantores incríveis que ficarão felizes em animar a sua festa por muito muito menos. Pesquise e lembre: o que vale é a animação e qualidade sonora e não a celebridade.

Decoração /ambientação

Hoje a decoração de qualquer festa ou evento ganhou status de cenografia; por isso, atenção para que esta não consuma praticamente todo o seu orçamento. Há alternativas acessíveis e uma série de truques com iluminação e plantas.

Não há necessidade de comprometer seu bolso pelos próximos anos porque alguém lhe convenceu de que é indispensável o som de uma cascata de três metros de altura ou que serão necessárias três paredes de rosas bolivianas para o salão ficar bonito. Iluminação é importante e faz toda a diferença – mas também pode sair bem cara: de forma que aprenda a pedir outras opões e não aceitar a primeira que lhe encantar.

Toldo e cobertura

Antigamente era a maior e mais complicada peça de decoração. Hoje é apenas um complemento, mas continua sendo cara e exige um planejamento prévio de espaço e estrutura. Além de serem consumidos vários dias para sua montagem.

Uma vez definida ou não a cobertura, você pode começar a se preocupar com os centros de mesa, flores e demais detalhes.

Iluminação

Esse é um detalhe fundamental para estabelecer a atmosfera de sua festa. Mais até do que a decoração em si ou as flores. Não adianta um maravilhoso arranjo de flores se a iluminação for fria, muito escura, ou ainda exageradamente clara.

É preciso encontrar o tom exato, providenciar lâmpadas adequadas, criar jogos de sombras (os japoneses são mestres nisso) e pesquisar com o profissional encarregado os muitos recursos oferecidos. Iluminação indireta pode render um efeito maravilhoso. Vale a pena o esforço: sua festa vai adquirir um toque diferente e ninguém vai entender direito como foi criada uma atmosfera tão agradável.

Distribuição de lugares

Acho uma caretice obrigar os noivos a se sentar com as respectivas famílias e padrinhos. Não tenho nada contra essas pessoas queridas, é claro.

Mas voto pela democracia na hora de distribuir os lugares. É claro que os noivos devem sentar-se numa mesa maior, rodeados de seus amigos mais íntimos, entre os quais certamente estarão os padrinhos. Mas as famílias podem ter liberdade de escolher suas mesas com os respectivos companheiros, distribuindo assim, em vários pontos, o fluxo das felicitações.

Mesa dos noivos

Há quem insista em colocar os noivos em imensas mesas retangulares, ocupando apenas uma das laterais e deixando a frente livre, como se estivessem em exposição. Nada pode ser mais medonho!

A mesa dos noivos deve ter exatamente o mesmo formato das demais, eventualmente um pouco maior. Mesas redondas são ideais, pois, além de "aproximarem" as pessoas, ocupam menos espaço e facilitam a circulação. Fujam de mesas compridas e solenes: este é o seu casamento e não uma convenção.

Flores – leve em conta o ambiente

Em vez de usar as flores para "encobrir" os defeitos do local, tente ver o que ele tem de bom que possa ser realçado. Faz toda a diferença, pois você estará trabalhando a favor do local e não contra ele. Assim, preste atenção ao pé-direito, às cores das paredes, à quantidade de janelas, ao formato dos lustres e à iluminação; enfim, a tudo que possa contribuir para valorizar sua decoração.

Opções para diminuir o custo

Converse com o decorador ou cenógrafo e, considerando a estação do ano em que irá se casar, informe-se sobre quais flores estarão mais em conta nesse período (é importante, também, que sejam duráveis).

Nada a obriga a usar arranjos de flores em todos os centros de mesa. É possível usar uma vela, com um pequeno arranjo verde na base. O efeito é lindo, e o custo, muito menor.

Você também pode pensar na possibilidade de conversar com outras noivas que talvez estejam se casando no mesmo dia e combinar de dividir a conta das flores e da decoração da igreja (uma vez que todas concordem com a mesma decoração). Desse bate-papo às vezes até surgem ideias e soluções bem diferentes.

Converse e seja criativa; é claro que dá para substituir flores caras por outras mais baratas: orquídeas por lírios selvagens, rosas por flores do campo, e por aí afora.

Flores na igreja

Esse é um item no qual é possível economizar. Nada a obriga a espalhar flores pelas laterais da igreja e em cada banco. Arranjos no altar são mais do que suficientes. Poupe para enfeitar a festa. As igrejas devem ser sóbrias, pois não são exatamente casas de espetáculos.

Amostras ajudam

Na medida do possível, leve ao decorador uma amostra do tecido do seu vestido, do da sua mãe e, se você conseguir, do das madrinhas. Apenas para que ele tenha uma ideia das tonalidades que predominarão no altar. Amostra das cores de toalhas e guardanapos também ajudam a formar um quadro geral harmonioso.

Flores e velas

Muita gente coloca velas, flores e fitas nos bancos. É um exagero, sem falar no perigo. Se você fizer questão da iluminação suave das velas, certifique-se de que elas estarão colocadas de maneira segura, e não exponha as flores à proximidade de suas chamas: além de provocar um cheiro forte, murcham muito mais depressa.

O ideal é que as velas sejam usadas apenas em locais estratégicos, nunca em áreas de risco.

Abra o olho

Muitas vezes os orçamentos são calculados por itens: preço do enfeite de mesa, do arranjo, do buquê, e por aí afora. Fique esperta, portanto, para entender o que está sendo calculado e como. Pode ser por itens, pela qualidade das flores ou até mesmo "por cabeça". E esse é um fator importante na hora de negociar ou reduzir os custos.

Contratempos acontecem

É isso aí. Alguns maiores, outros menores; é preciso estar preparado para todo tipo de eventualidade. Justamente por ser uma cerimônia com um número maior de convidados e importante para todos os envolvidos, qualquer coisa de anormal que aconteça tumultua e pode tirar o brilho da festa.

Nesse momento o mais indicado é ter calma, muita paciência, e tentar resolver os transtornos sem achar que é o fim do mundo. Até porque para (quase) tudo se dá um jeito.

Mudando o endereço da festa – Os convites, lindos e já distribuídos, indicam o local da festa – que na última hora terá de ser transferida. O que fazer? É hora de aproveitar todas as tecnologias de comunicação e avisar a mudança por e-mail, telegrama, pombo-correio, e, na medida do possível, comunicar *por telefone* o maior número de convidados, pedindo que avisem aos amigos mais próximos com quem têm mais contato.

Se o número de pessoas for muito grande e não der tempo para avisar a todos, contrate alguém para ficar no local original da festa indicando aos desavisados e/ou distraídos o novo endereço.

O vestido da noiva já era – Na véspera do grande dia o vestido é dilacerado pelo pit-bull da família. A situação é delicada, mas há soluções. Primeiro, tentar com o(a) estilista uma reforma de última hora. Se não for possível, a alternativa é alugar um novo e levar na esportiva: agora você terá a chance de escolher outro modelo... Porém, você não vai deixar de casar por causa de um contratempo que no fundo envolve apenas alguns metros de tecido e tule danificados, certo?

Bride sitter

Roberto Cohen adotou uma "bride sitter" – uma moça da sua equipe que fica colada à noiva durante todo o processo de sua preparação para a igreja. Dessa forma, ela passa para ele as informações de *timing* e ele pode ir corrigindo o cronograma com o processo em curso: se o maquiador demorou demais, ele avisa o fotógrafo para agilizar as fotos, e assim por diante. Assim a noiva não se estressa e as coisas acontecem como devem...

Perdi as alianças! – O noivo, embora tente

esconder, sempre está tão ou mais nervoso que a noiva. E se na correria esquecer ou não encontrar as alianças, não adianta se desesperar: o jeito é pegar as alianças dos pais, irmãos ou padrinhos e divertir-se, lembrando depois. Em todo o caso, todos os cerimonialistas de casamentos com quem conversei relatam que isso é tão frequente que eles têm como regra carregar um par de alianças para essa eventualidade.

Par de vasos – As madrinhas não se comunicaram e duas estão com o mesmo vestido, da mesma cor. Para completar, parece que foram ao mesmo cabeleireiro. Tente que fiquem o mais distante possível (eventualmente até mude uma para o outro lado do altar) e deixe a cerimônia começar. Não há outra solução. Só resta achar graça – o que, reconheço, é difícil para uma mulher neste momento – e fazer tudo para não atrapalhar a festa.

Na última hora – Está tudo pronto e na véspera do casamento um dos padrinhos ou madrinhas avisa que está doente, impossibilitado mesmo de comparecer. O que fazer? Como substituir um deles ou mesmo o casal sem causar constrangimento? Nessa hora é aconselhável ser sincero e convidar um(a) amigo(a) ou um parente mais próximo.

Explique a situação e pode ter certeza que ele(a) ficará feliz em ajudar. A situação complica um pouco se ele tiver de correr atrás de um smoking, mas nada que não possa ser resolvido com jogo de cintura e boa vontade.

A festa está ótima, mas a comida... – Os convidados já chegaram para a festa, mas o bufê está bastante mal-organizado. Faltam bebidas e a comida não está igual à que foi experimentada na degustação. Pode rodar a baiana com os responsáveis nos bastidores, mas não é o caso de arruinar seu humor por esse motivo.

O melhor é arregimentar rapidamente alguns familiares ou mesmo amigos na linha tropa de choque que possam assumir a responsabilidade e tentar fazer com que o serviço melhore, deixando os noivos se divertirem. E não adianta fazer disso um incidente internacional.

Quem convidou? – Em toda festa pode haver penetra. E todo penetra é penetra. Se você tiver certeza de que é bico, ele(a) pode ser gentilmente convidado(a) a se retirar. E se aquele(a) ex-namorado(a) aparecer sem ter sido convidado(a), você faz olhar de paisagem e lembra-se de que hoje a festa é só sua. Seja superior e releve.

Bebeu demais – Bêbado é chato em qualquer situação, mas em casamento é o fim. Se for alegre, ainda é mais fácil de levar; já os bêbados melancólicos são insuportáveis. Se for um parente muito próximo dos noivos ou algum amigo íntimo, é bom tentar mandá-lo para casa. Mas se for o noivo ou noiva – vamos combinar –, é melhor sair de cena o mais rápido possível.

Morte na família – Acontece. Se for pai, mãe, irmão ou algum outro membro próximo e querido, não tem jeito: não há clima para festa e é melhor cancelar. Agora, se alguém se acidentar ou ficar doente, você pode, conforme a gravidade, manter o casamento e ainda, se for o caso, realizar a cerimônia religiosa e cancelar a festa.

Acabou antes do altar – Às vésperas do casamento, os noivos desistem da cerimônia. Depois de avisar a todos os convidados, é melhor devolver os presentes. A regra dita que todos os presentes – todos mesmos – devem ser devolvidos quando o casamento é cancelado. Essa dura tarefa pode ficar a cargo dos pais, já que dificilmente os noivos terão cabeça para isso.

O correto é devolver com apenas um cartão do noivo ou da noiva, dependendo de quem enviou o presente. Nesse caso, um presente devolvido com um cartão em branco explica tudo – não há necessidade de entrar em detalhes.

WANDER FERREIRA JR.

Wander Ferreira Jr. nasceu e atua até hoje em São José do Rio Preto, no interior de São Paulo, na região conhecida como "Califórnia brasileira" pela pujança de sua agricultura e pecuária. Quem o vê vestido sempre com roupas arrojadas complementadas por armações de óculos que variam do clássico ao *vintage*, passando por peças futuristas, pode confundi-lo facilmente com um estilista ou artista. E ele é mesmo.

Com uma trajetória diferente da maioria dos cerimonialistas, Wander começou sua carreira organizando eventos para empresas – mas também foram importantes os grandes festivais de música e teatro, inclusive internacionais, que preveem um tipo de tratativa e logística mais específico do que os das festas sociais.

Chegou a diretor-geral do Festival de Teatro em Rio Preto – o que lhe deu um olhar diferente para festas. Assim como a cenografia de espetáculos o conduziu a pensar a ambientação não só como beleza estática, mas a serviço da dinâmica. Eclético e com formação em piano erudito, desenha com propriedade a trilha sonora das festas e sua formação científico-acadêmica o treinou para a pesquisa e a busca por conhecimento com precisão.

Mas, como acontece com todo artista, é claro que nas primeiras festas, a verve teatral era mais presente e ele criava o cerimonial com forte influência do teatro. Na primeira festa de quinze anos usou atores, bailarinos e acrobatas, assim como no primeiro casamento que organizou.

Depois, foi aprendendo a equilibrar os fatores, e a emoção é uma das marcas de seus eventos e o grande diferencial de seu trabalho. Como ele mesmo define: "Aprendi a pensar fora da caixa".

Esse seu trânsito fácil entre diversos tipos de público e clientes provavelmente lhe deu um olhar mais abrangente e um misto de versatilidade e objetividade que o diferencia.

Não há evento complicado para Wander. Prático, ele percebe o público brasileiro dividido em três categorias que, naturalmente, requerem um atendimento e soluções distintas e bem-definidas:

➻ **1. Tradicional e mais conservador** – Pessoas que valorizam conforto e qualidade, com referências baseadas na identidade de sua própria família ou negócio e sabem exatamente o que querem, preferindo espaços mais reservados e eventos exclusivos. Ao escolher o cardápio, não necessariamente darão preferência a quitutes raros ou caros – eles sabem apreciar igualmente uma boa polenta com ragu ou um curau de milho bem-feito. E escolhem poucos itens, embora sejam exigentíssimos quanto à forma como a receita é executada e apresentada.

➻ **2. Burguês emergente** – É um grupo de pessoas que sabe o valor do dinheiro e se importa muito com grifes e a imagem. Em suas festas escolhem sempre itens facilmente identificados com o mercado do luxo, ícones que remetam a prestígio e não necessariamente à qualidade. O reconhecimento e/ou a cobertura da mídia em seus eventos é importante para eles e por isso mesmo fazem questão de uma exposição à altura do orçamento investido. Em suas festas a comida é escolhida mais pelo impacto visual e pela novidade, uma vez que ainda estão descobrindo e procurando apreciar a cozinha molecular em todas as suas nuances.

➻ **3. Emergente rebelde** – É um grupo que se sensibiliza com quantidade e impacto visual. São capazes de mandar construir uma réplica do castelo da Cinderela apenas porque curtem a personagem, sem se importar se vai parecer fora de contexto. Não fazem muita questão de seguir regras, nem com o que os outros pensam – desde que em seu evento possam vivenciar experiências que eles identifiquem com o prazer e que remetam a seu repertório pessoal e afetivo.

Os cardápios em suas festas são sempre abundantes e variados, repletos de conhecidos clássicos da gastronomia internacional: do salpicão ao molho madeira até grande quantidade de massas e risoles: o importante é a fartura.

Uma vez identificado o perfil do cliente, Wander atende sua demanda com precisão e agilidade. O fato de essa região do interior do estado de São Paulo ter um ótimo e homogêneo padrão de vida faz com que as festas e os casamentos acabem se superando com inovações e soluções que muitas vezes sequer chegaram a outros grandes centros urbanos.

Em geral é sereno e age com frieza para resolver problemas. Mas também já teve sua cota de saias justas. Como na situação, já de madrugada em um casamento com trezentas pessoas, em que um convidado pediu-lhe gentilmente se era possível servir um ovo frito. Fácil. Uma vez comunicado o pedido ao chef, em cerca de dez minutos o senhor degustava seu ovo feliz, elogiando as vantagens da galinha caipira.

Elogiou tanto que os vizinhos de mesa também quiseram ovos e em vinte minutos havia uma súbita febre em todo o salão e Wander foi obrigado a comunicar ao chef que ele passaria o que restava da festa fritando ovos. Assim, tratou de providenciar dúzias de ovos, mandando o motorista e um assistente passarem por todos os lugares que estivessem abertos, para dar conta da demanda. E conseguiu, com um detalhe de mestre: com as novas levas de ovos vieram também pães e croissants fresquíssimos, ainda quentes do forno das padarias.

O apuro dessa noite não foi em vão: em outro evento numa fazenda da época do Império em Ribeirão Preto, Wander se lembrou do sucesso dos ovos e colocou dois chefs exclusivamente para preparar ovos fritos em todas as suas variações caipiras. E foi elogiadíssimo – quase como se estivesse inventando a roda...

Wander transita com a mesma facilidade de micos como aquele para soluções geniais e emocionantes. E sua área de atuação varia entre o interior de São Paulo e todo o Centro-Oeste.

Um de seus eventos memoráveis foi o aniversário de cinquenta anos de um grande empresário mato-grossense para 1.200 convidados. De origem humilde e tendo tido uma infância cheia de privação no interior de São Paulo, sua história de superação começou num bar batizado de Bar do Chiquinho (nome do pai dele), que a família arrendou, enquanto ele e seus irmãos ainda eram crianças.

Essa trajetória de sucesso está diretamente ligada ao Mato Grosso e a toda Região Norte do país, para onde se transferiram depois. Ali fora o pontapé inicial para a construção de seu grande grupo empresarial espalhado pelo Brasil.

Ao conversar com o cliente, Wander percebeu o quanto ele se orgulhava dessa sua história – e decidiu que faria com que tudo aquilo estivesse presente de alguma forma na festa.

Criou um convite, cujos encartes contavam, de maneira fragmentada, elementos importantes dessa história, e que convidava para a festa em local devidamente batizado de "Bar do Chiquinho".

Das 21 horas à meia-noite, os convidados tiveram uma festa construída nas referências de música, cardápio, decoração e entretenimento do Bar do Chiquinho original – aquele da infância do empresário, com a receita da coxinha de massa de mandioca da mãe dele, o pudim de pão, cachaças etc.

À meia-noite chegou um trio elétrico no local da festa e convidou para que todos o seguissem e conduziu os 1.200 convidados a pé, dançando, até uma praia à margem do rio Paraguai, onde havia sido recriada cenograficamente uma vila pantaneira – com direito a animais, como cavalos, bois, porcos, galinhas e até jacarés colocados em um tanque de água especialmente construído!

Chegaram ao requinte de contratar um mês inteiro de trabalho de uma tribo indígena para produzir as cestarias usadas na festa. Artesãos de diferentes localidades finalizavam na vila pantaneira cenográfica os brindes para os convidados que, encantados, não sabiam como agradecer ao anfitrião por aquela experiência incrível.

Ele, por sua vez, não continha as lágrimas de emoção e comemorou com toda a família até o dia raiar...

Hoje Wander faz um grande número de casamentos e, pragmático, não se espanta com quase nenhuma moda ou novidade que apareça. E, embora dê o tom e oriente para que seus eventos mantenham sempre um toque de moderna elegância, está sempre aberto a novas ideias.

Chega a filosofar quando comenta as diferenças entre os três grupos distintos de clientes. Referindo-se aos emergentes rebeldes, Wander acredita que talvez eles estejam criando uma nova estética e até – quem sabe – um novo código de elegância.

"*Será?*", pergunta ele, divertindo-se com a ideia. E, prático, logo emenda: "*Apenas o tempo dirá*".

CAPÍTULO 8

Além da cerimônia e da festa

Planos para a lua de mel

Já é hora de pensar nisso, mesmo que pareça cedo demais. Não esqueça que, quem pesquisa paga mais barato. Procure na internet ou consulte um agente, mas sempre vale a pena um esforço extra para conseguir um pacote ideal.

Sair direto da festa para uma viagem internacional pode não ser uma boa ideia. Vocês já estarão cansados e, contando com o fuso horário e as horas a bordo do avião, pode demorar dias até que se sintam bem para curtir a viagem. Pensem nisso e curtam uma noite (ou dia) de relaxamento num bom hotel de sua cidade.

Se tiverem apenas uma semana, não vale a pena fazer uma viagem internacional com mais de seis horas de voo. Vocês estarão perdendo praticamente dois dias apenas em trânsito, sem falar no cansaço e no fuso horário. É muito mais aconselhável algum local mais próximo.

Orçamento para a viagem

Acredite: vale muito mais a pena viajar para algum lugar mais próximo, por menos tempo, mas com todas as mordomias, do que fazer uma volta ao mundo, espremendo seu precioso tempo entre aeroportos, ônibus e passeios alucinados. E ainda voltarem depauperados, mais mortos do que vivos.

O dinheiro deve ser suficiente não apenas para as passagens, o hotel e a alimentação, mas também para as gorjetas, o transporte, as compras e os ingressos de shows e passeios. Geralmente, os pais costumam dar uma força; mas certifique-se de quanto exatamente consiste essa força.

Essa é apenas uma das muitas grandes viagens que vocês farão juntos, por isso mesmo relaxe: não é uma competição turística, mas uma fuga para o prazer, aliada a muita qualidade de vida!

Viaje sem pressa

Você vai ficar cansada, fisicamente exausta das atividades do casamento. E não deixe ninguém convencê-la do contrário. Por isso, certifique-se de que seus planos para a lua de mel incluem tempo de sobra para se divertir e recuperar as energias perdidas. Se forem para grandes capitais, pense bem antes de marcar compras e passeios ininterruptos. Esse é o momento para relaxar, dormir e recuperar as forças.

Época do ano

Vai fazer a maior diferença, dependendo do lugar escolhido. Nova York no Natal é lindíssima, mas cheia de turistas e fria. Tão gelada que às vezes é difícil até sair à rua. O famoso cruzeiro das ilhas gregas sai apenas em determinados meses do ano, e visitar o Egito em pleno verão pode não ser uma boa ideia.

Já o Brasil, ah, as belezas do Brasil! Valem uma pausa e proponho que pensem seriamente nessa alternativa e aproveitem a oportunidade para conhecer de verdade nosso país.

Acredite: você não vai se arrepender!

Tenho o privilégio de viajar a trabalho pelo menos duas vezes por mês para algum canto remoto de nosso país continental. E, como regra, sempre fico um ou dois dias a mais para explorar o lugar.

Recentemente passei um feriado prolongado em Mato Grosso do Sul, um dos nossos estados mais belos e surpreendentes. Arrastei uma filha, já mocinha, amuada e, na pousada em que ficamos, encontramos mais dois garotos mais novos entediados e loucos por aventuras.

Ficamos cinco dias no interior do estado, onde nem celular pegava. Difícil? Um deslumbramento. Todos os dias, saíamos às sete horas da manhã em um caminhão aberto ou a pé com dois guias. E bastou apenas um encontro com o tuiuiú, a nossa cegonha gigante, em pleno voo, para que todos entendessem que ali começava uma aventura muito melhor e mais verdadeira do que qualquer passeio à Disney – com ou sem Mickey.

No segundo dia, já havíamos nos deparado com centenas de marrecas-canoa, vislumbramos o temível gavião-fumaça, nos encantamos com as delicadas araras-azuis e não havia medida para o espanto e os sobressaltos que nos causavam aparições de animais como tamanduás, porcos-espinhos, lobinhos, jacarés (de todos os tamanhos) e garças, cujas penas, desenho dos olhos e bicos enlouqueceriam qualquer profissional de maquiagem.

Conhecemos o caraguatá (planta), o timbó (fruto) e a temível figueira-mata-pau que, literalmente, estrangula as palmeiras e as mata lentamente ao longo de anos...

Em pouco tempo aprendi a reconhecer as lixeiras (árvore com exuberantes folhas verdes que, secas, se transformam nas lixas que usamos) e a cera cozida (outra árvore interessantíssima).

Ok, você deve estar achando que isso é um programa apenas para amantes da natureza e que criaturas urbanas detestariam cada minuto.

Engano seu. Sou urbana em cada fio de cabelinho meu, os quais ficaram devidamente arrepiados quando, durante um piquenique na mata, ao cair da noite, vislumbramos, a quilômetros de distância, uma tempestade de raios multicoloridos que parecia a aurora boreal. Compondo o jogo de luzes, centenas – senão milhares – de vaga-lumes piscavam seu corpo de luz a poucos metros da gente em uma dança enlouquecida.

Foi o espetáculo de som e luz mais deslumbrante que já vi na vida (e olha que já vi muitos). Inteiramente grátis e *made in Brazil.*

Pense que esse é apenas um dos nossos inúmeros lugares espetaculares e que o Brasil nos oferece com a mesma beleza, simpatia, riqueza gastronômica e de ritmos – para amantes de mar, serra, cidade ou campo. Faça sua escolha e tenho certeza de que não vai se arrepender.

Atenção com a burocracia

Normalmente, em viagens internacionais, são requeridos vistos e vacinas. Não adianta tentar tapear ou dar um jeito. O melhor é informar-se com antecedência do que é necessário e providenciar tudo com calma.

Mesmo para o Brasil, se estiverem se aventurando pela Amazônia, convém tomar as vacinas que seu médico recomendar. Para que se arriscar a contrair malária e atrapalhar seu lindo passeio pelos igarapés?

Malas, bolsas, *nécessaires*, malas de mão...

Você não vai sair para comprar malas poucos dias antes do seu casamento, não é? Por isso mesmo, é importante verificar em que condições estão as suas e escolher com antecedência quais vai levar. Dessa forma haverá tempo suficiente para arrumar rodinhas quebradas, trocar zíperes emperrados e até mesmo comprar um jogo novo – por que não?

Prevenir é muito melhor

Prepare um kit de primeiros socorros com tudo o que você acha que pode precisar. Mesmo que não seja hipocondríaca, as diferenças de clima, horários e alimentação podem refletir em seu estado físico, com efeitos indesejáveis. Portanto, leve seu remédio para dor de cabeça, antialérgicos, digestivos, antibióticos, antigripais, desinfetantes e Band-Aids. O simples fato de estar carregando tudo isso na mala já vai deixá-la mais tranquila.

GRAÇA KURYLO

Graça Kurylo cursava o último ano de direito quando uma amiga lhe pediu para ajudar na organização de seu casamento. Isso foi há cerca de quinze anos, quando ainda não havia blogues de noivas e casamentos, e Graça lembra, perplexa, que naquela época usava apenas listas de papel – tanto de convidados quanto de presentes.

Hoje ela é uma das mais requisitadas cerimonialistas do Rio Grande do Sul – especializada em cerimonial de festas sociais, e não abre mão de duas coisas na vida: a aparência impecável e bem-acabada, mesmo depois de passar a madrugada sobre saltos altíssimos acudindo contratempos, e uma taça de bom champanhe no fim de um dia de muito trabalho.

"*A noiva é o sonho e o noivo é a tabela do Excel*", define ela, que soube como ninguém acompanhar as mudanças impostas pela invasão da tecnologia em nossa vida.

Com elegância e eficiência, Graça trata de atender os desejos de todos os seus clientes, embora nem sempre seja simples, pois, nessa região, como bem lembra, há uma série de complicadores para se organizar uma megafesta – principalmente em locais externos: no Sul do Brasil há o agravante do frio, umidade e muito vento.

Lá também chove com frequência e é preciso providenciar não apenas a cobertura, que encarece, mas também aquecedores em quantidade – assim como geradores –, e garantir que a comida chegue quente e assim se mantenha nos bufês.

Independentemente disso, no Sul ainda não chegou a moda dos casamentos menores: lá uma festa nunca acontece com menos de 250 a 300 pessoas e é, ainda assim, considerada modesta. De modo que, invariavelmente, Graça se vê às voltas com eventos sociais com uma média de seiscentos convidados e, em cada um deles, o anfitrião deseja oferecer algo inusitado, mais caprichado ainda e, o que é difícil, original.

Graça respira fundo e tenta atender os pedidos – quase sempre conseguindo, mesmo aqueles aparentemente complicadíssimos. Como no dia em que o pai da noiva, que era criador da raça "Red Angus", fez questão de oferecer aos convidados os melhores cortes de carne de sua criação.

Até aí, nada de mais, não fosse o fato de que a noiva queria um jantar com serviço à francesa – não exatamente o mais usual quando se vai servir cortes de churrasco. Graça, depois de pensar, resolveu a questão satisfazendo a todos: encomendou lindas gamelas de madeira onde os cortes de carne foram artisticamente arranjados e oferecidos aos convidados no melhor estilo à francesa por cinquenta garçons devidamente pilchados (vestidos com a roupa de gala dos gaúchos dos pampas).

Foi um luxo que marcou a cena dos eventos no Sul do Brasil – e todos se lembram de que, na ocasião, o pai da noiva entrou na igreja também pilchado e, com os olhos marejados, retirou o chapéu lentamente antes de iniciar a caminhada pela nave ao lado da filha.

Graça faz acontecer. Mas fica irritadíssima quando percebe o descompasso entre o que esperam que ela entregue e o que o cliente está disposto a entregar. Sim, pois, segundo ela, hoje não há limite para o que pode acontecer em um evento. Porém, para tudo há um preço. Literalmente. Assim, se o cliente pede três shows com bandas diferentes, ele tem de entender que está contratando três mesas de som com o triplo de profissionais – e tudo isso entra na conta.

Como no caso de casais que insistem em fazer a festa nas vinícolas. A ideia é ótima, não resta dúvida, porém isso implica construir toda uma infraestrutura para receber convidados e outra apenas para cozinhar, além do fato de ser preciso climatizar, vedar, construir banheiros e encanamento, e muitas vezes até mesmo dedetizar o local! Sem falar que, para isso são necessários, no mínimo, cinco geradores. Exagero? Nada disso: um para a cozinha, dois para a festa, um para o ar-condicionado e um de reserva... E ainda não se falou no transporte para tudo isso – que naturalmente também entra na conta.

Pois é. Se o cliente entender que, além do sonho, é também por esse tipo de segurança que está pagando, Graça não se importa em administrar todo tipo de detalhe ou contratempo. E o que não faltam são contratempos e micos, dos quais ela trata de se livrar com firmeza e elegância – e alguns são surreais!

Como na ocasião em que, depois de uma linda festa de casamento, foi chamada com urgência pelo gerente do hotel onde os noivos estavam passando a noite de núpcias. Aflito o homem não sabia o que fazer, pois estavam literalmente "quebrando a suíte nupcial". Exausta, lá foi ela acudir em plena madrugada sul-rio-grandense. Chegando, uma briga do casal de proporções gigantescas estava formada. A ponto de a noiva, alterada, declarar: "Eu não durmo com esse homem".

Graça não pensou duas vezes: conversou com o gerente e instalou a moça na suíte presidencial – onde ela teria o mesmo tratamento VIP originalmente pensado para os dois e, assim, poderia "não dormir com esse homem".

No dia seguinte, passada a bebedeira, os dois partiram para a lua de mel e provavelmente nem lembravam o motivo de terem acordado cada qual em uma supersuíte. Mas já não era mais problema de Graça.

Em outra cerimônia, a mãe da noiva queria porque queria que as alianças fossem levadas pela daminha, porém com um enorme complicador: estariam penduradas no pescoço de um coelho – por este ser o símbolo da fertilidade.

Graça, esperta, contratou uma veterinária para ficar a postos na porta da igreja e dar uma injeção calmante no bichinho. E assim foi feito e teria dado tudo certo não fosse o fato de o metabolismo do coelho ser ultrarrápido e a noiva ter atrasado mais de quarenta minutos. Resultado: o efeito calmante passou em meia hora e as alianças foram retiradas às pressas de um coelho serelepe que ameaçava escapar nave adentro a qualquer momento. A mãe da noiva teve de se conformar – e entender que não dá para ganhar todas.

Um dos micos inesquecíveis de Graça como cerimonialista foi quando, grávida de quase nove meses, ela que jamais desce do salto, abaixou no altar para ajeitar o véu da noiva. Abaixada, ajeitava a renda tomando o maior cuidado com a barriga, claro, e na hora de levantar, iniciou concentrada o movimento para fazer tudo na maior discrição, dentro do possível. Naquela fração de segundo, percebeu que não conseguia se levantar. Aliás, não conseguia sequer se mexer e respirar doía muito, pois ela havia travado a coluna daquela forma que só as grávidas entendem. Desesperada, correu os olhos (a única parte do corpo que conseguia mexer) pela igreja para ver se alguém havia percebido seu apuro. Nada. Afinal de contas uma cerimonialista ajeitando o véu da noiva abaixada é uma coisa normalíssima, certo?

Passaram-se muitos intermináveis segundos até que o padre, estranhando aquela imobilidade toda, percebeu e correu para ajudá-la – com dificuldade, pois equilibrar a coluna travada, seu 1,80 metro de altura e o barrigão sobre saltos altíssimos não é coisa simples.

Mas quem foi que disse que cerimonial de eventos é para quem gosta de coisa simples? Graça não se queixa. Apenas lembra que, de uns tempos para cá, os eventos sociais se transformaram demais e define o mercado da seguinte forma:

"Se há alguns anos contratava-se o cerimonialista para uma cerimônia na igreja e uma festa, hoje contrata-se para organizar um pacote inteiro, à la Hollywood/Disney – com direito a todos os efeitos especiais."

CAPÍTULO 9

Reuniões e chás pré-casamento

Chá de cozinha

Pense duas vezes antes de dispensar solenemente os presentes mais simples, como jogos de peneiras e colher de pau, iludida pelo brilho das pratarias e cristais das lojas. Você nem imagina quanto vai precisar de cada um desses pequenos utensílios em sua nova vida de casada. Muito mais do que de castiçais de prata ou compoteiras de cristal.

Quem oferece o chá?

Normalmente quem oferece o chá de cozinha é uma amiga íntima, a madrinha ou até mesmo uma colega de trabalho. O oferecimento é espontâneo, uma vez que são pessoas suficientemente próximas e queridas.

As irmãs, mães ou outras parentas da noiva devem evitar assumir essa incumbência, pois já estarão bastante envolvidas com outros detalhes do casamento. No entanto, podem e devem ajudar a anfitriã na elaboração da lista de convidados, nas sugestões de presentes e até na escolha de "prendas" que serão distribuídas.

A hostess da festa

Qualquer pessoa pode se oferecer para recepcionar o chá de cozinha da noiva, mas, de maneira geral, a mãe da noiva ou suas irmãs não devem ser as hostesses dessa festa.

Facilite para todos

Quanto antes você definir e divulgar as cores da sua cozinha ou suas preferências de cor, melhor.

Vai facilitar enormemente para todas se houver uma lista de presentes também para o seu chá de cozinha.

Não se preocupe em parecer deselegante. Sua amiga vai divulgar onde está a lista, e a você só caberá agradecer os presentes com um ar de surpresa encantado.

Atenção: na hora de fazer a lista, mesmo que deteste cozinhar, lembre-se de que alguém estará fazendo isso por você. Portanto, não olhe para todos os aparelhos e descarte-os pensando: "Não adianta, nunca vou usar isso mesmo!". Outra pessoa certamente vai usar e precisará de cada uma daquelas peças, por mais inúteis e sem poesia que possam parecer.

Lista básica de chá de cozinha

- Jogo de panelas
- Panela de pressão
- Chaleira
- Caldeirão (opcional)
- Panela para macarrão
- 2 frigideiras (uma maior e uma menor)
- 1 panquequeira
- Jogos de facas de cozinha
- Jogo de oito (ou mais) talheres para cozinha
- Jogo de formas para assar retangulares (tamanhos diferentes)
- Jogo de formas para assar redondas (tamanhos diferentes)
- Forma para assar peixe, com tampa
- Forma para bolo furada
- Forma de bolo inglês
- 2 formas de fundo falso para tortas (tamanhos diferentes)
- Travessas para suflê
- Jogo de colheres de pau
- Jogo de peneiras
- Jogo de garfão, escumadeira, concha e espátula
- Tesoura de trinchar

- Tesoura comum
- Jogo de pão-duro
- Xícaras e colheres de medida
- Batedeira
- Centrífuga (opcional)
- Processador (opcional)
- Miniforno
- Torradeira
- Jogo de tupperware
- Latas ou potes de mantimentos
- Cafeteira (elétrica ou de café expresso)
- Espremedor de sucos
- Amolador de facas
- Rolo de abrir massas
- Forminhas de empada
- Jarra plástica ou de vidro para geladeira
- Liquidificador com 2 copos (1 para salgados e 1 para doces)
- Ímã de geladeira
- Panos de prato – pelo menos 10
- Cesta de pão
- Toalhinhas para bandeja
- Argolas de guardanapo

Se você preferir fazer um "chá misto", opte pelo chá-bar, do qual homens ou mulheres participam. As mulheres levam presentes para a cozinha, e os homens, para o bar do novo casal.

O chá de cozinha normalmente ocorre a partir das dezesseis horas, e o chá-bar, a partir das dezenove horas. Mas nada impede que esses horários variem de acordo com a conveniência e de quem está organizando.

Só para íntimos

Nem sempre suas colegas de trabalho estarão tão envolvidas quanto você com os preparativos de seu casamento. Por isso, evite envolvê-las em todos os eventos pré-nupciais – a não ser que você vá convidá-las inclusive para a festa. Senão, é uma tremenda falta de sensibilidade. Aliás, só se convidam para o chá de cozinha as amigas mais íntimas: a ideia é fazer uma reunião íntima e não um grande evento social.

Chá-bar

O chá-bar é a versão masculina do chá de cozinha. Enquanto as mulheres recebem as amigas para equipar a cozinha, um amigo do noivo ou o padrinho convida seus amigos para equipar o bar da casa. E pode ser feito mais ou menos quinze dias antes do casamento.

É claro que o noivo pode ajudar a preparar uma lista de presentes que contenha os artefatos que julga indispensáveis nesse setor. Podem ser bebidas, equipamentos de coquetelaria ou qualquer coisa que envolva o ato de preparar, servir e degustar um drinque.

Finalmente, nada impede que o noivo e a noiva recebam os amigos para um chá-bar/cozinha em vez de fazê-lo separadamente. É mais prático e, pessoalmente, acho muito mais divertido do que reuniões separadas.

Lista de chá-bar

- Copos de bar curtos
- Copos de bar longos
- Canecas de cerveja
- Copos de vodca
- Balde de gelo

- Pinça para gelo
- Porta-copos
- Guardanapos de bar
- Porta-aperitivos (cumbucas e travessinhas)
- Coqueteleira
- Jarras para sucos
- Abridor de garrafa
- Saca-rolhas
- Pilão para caipirinha
- Faquinhas especiais para descascar frutas
- Faquinhas ou espátulas de patê
- Misturador de bebidas
- Descaroçador de azeitonas
- Tábuas para queijos
- Jogo de facas especiais para queijos (há pelo menos quatro tipos de facas)
- Faca especial de queijo parmesão (pequena e pontuda)
- Garrafa de sifão
- Abridores de latas.

Outros chás – não extrapole nem invente

Vivemos a era dos eventos, por isso nada mais natural que surjam uma série de sugestões para outros tipos de "chás" – que na verdade acabam se tornando happy-hours, regados a vinho espumante e coquetéis. Beleza. Porém, pense que você terá uma série de compromissos e prazos para cumprir que não vão lhe permitir atender a um sem-número de homenagens e encontros. Não mesmo.

Além disso, seus amigos (mesmo os íntimos) têm mais o que fazer do que passar o mês e meio que antecede seu casamento por conta de comprar e comparecer a chá de beleza, chá de hobby do noivo, chá de jardinagem, chá de lua de mel – ou o que mais inventarem.

Vocês correrão o risco de se tornar inconvenientes em vez de populares e queridos – é simples assim. Se quiser muito fazer um chá de lingerie, seja esperta: faça-o pelo menos três meses antes da data de seu casamento, quando ainda estará relativamente descansada e tudo é novidade, inclusive para suas amigas, que terão mais boa vontade para fazer graça e garimpar rendas e lingeries lindas, e não estarão exaustas pelas muitas demandas de prova de roupas, presente de casamento e outras exigências que começam a surgir e causar certo estresse muito perto da data.

Fotógrafos e fotografias – um capítulo à parte

Esse é o momento de ajustar exatamente como quer as fotos e vídeos e o que vai querer registrar oficialmente. Na era da postagem geral de tudo e também das câmeras em celulares, você pode escolher entre muitas formas de registro – inclusive se quer registrar também o seu chá de cozinha ou outras reuniões.

Existem as fotos tradicionais, mais comportadas: o brinde, os padrinhos, os pais etc. Mas não precisa ficar só nisso, não é?

Que tal pedir a um amigo para fazer alguns flagrantes durante a cerimônia? O fotógrafo oficial registra os momentos-chave e seu amigo fica livre para clicar o avô cochilando na primeira fila e outros momentos engraçados que vão dar um toque especial às suas lembranças.

Outra opção é contratar um serviço diferenciado – há ótimos profissionais especializados em fotos na linha jornalística, sem poses.

Não importa se seu casamento será reservado e íntimo ou se você está preparando uma megaprodução, daquelas para ninguém botar defeito. O fotógrafo, não tenha dúvida, exerce um papel importantíssimo nesse dia. E como hoje eles são um mix de artista com fornecedor, talvez seja o caso de escolher com muito cuidado e procurar orientá-los antes para alguns detalhes de comportamento que, se não forem observados, podem comprometer a festa.

A começar pela roupa. Ok, sabemos que vivemos dias de informalidade e que não é obrigatório usar terno quando se está em movimento fotografando. Mas isso não quer dizer que dá para se apresentar de calça jeans (exceção feita aos black jeans) e camiseta ou camisas claras. Como ele tem de ser quase invisível, o ideal mesmo é uma roupa escura – inclusive o colete de bolso que, negro, fica muito mais discreto.

E por falar em discrição, o equipamento também tem de ficar fora do campo de visão dos convidados, assim como eventuais assistentes, que devem adotar uma atitude em harmonia com a do fotógrafo. Um detalhe que parece bobo: falar ao celular enquanto trabalham, por mais comum que seja, não pega bem. Atender rapidamente uma ligação é uma coisa, mas demorar-se nela enquanto os convidados aguardam congelados na pose não é aconselhável. E acredite: tem quem faça isso...

E como *timing* é importante, é essencial informá-lo detalhadamente como vai ser o serviço e o cerimonial, para que ele saiba o momento certo para reunir noivos, família, padrinhos etc.

Dependendo do que foi combinado, não é o caso de exagerar em fotos posadas, alugando os convidados e os noivos. Se for o caso, divida esses momentos em antes e depois do jantar – e deixe o cerimonialista avisado (ou a pessoa responsável pelo andamento da festa).

O fotógrafo deve evitar a todo custo interromper conversas e, evidentemente, o momento do jantar é sagrado – por mais tentador que seja o fato de estarem todos reunidos à mesa, prontos para o clique. Só vale se ninguém perceber – e, mesmo assim, não dá para fazer foto enquanto comem.

Em tempo: ele pode até ser um artista, mas nada lhe dá o direito de mudar a decoração para "aclimatar o cenário". Aquilo foi pensado durante meses por outro especialista tão talentoso quanto ele e custou uma pequena fortuna – por isso, avise antes da festa que não é o caso de modificar nada. No máximo, se precisar muito, mover discretamente um arranjo, devolvendo-o ao lugar assim que terminar.

Se o clima começar a ficar com cara de fim de festa, deixe claro que você não quer revelar isso nas fotos: ninguém vai achar a menor graça em ver registrada para a posteridade a gravata torta, a maquiagem borrada, penteados desfeitos ou pileques homéricos.

A não ser que ele apresente tais fotos como a seção bastidores, opcional e em caráter confidencial.

- **Making of** – Pode ser uma ótima ideia: os bastidores do seu casamento (além do próprio, é claro). A sacristia, a cozinha do bufê, atrás do palco com a banda, o decorador dando os últimos retoques e a própria noiva terminando de se aprontar. Embora nada me tire da cabeça que o profissional, nesse caso, tenha de ser duplamente cuidadoso para não ficar no caminho dos protagonistas.

Aliás, seja qual for o fotógrafo, é bom você se inteirar bem do tipo de serviço que está sendo oferecido, para poder cobrá-lo depois:

- Acerte a quantidade de ampliações que serão feitas.
- Verifique se há equipamento de iluminação adequado, com um profissional para manejá-lo.
- Cuidado com o álbum, não incluído no orçamento. Ele pode ficar mais caro que as fotos.

Finalmente, por mais que hoje o mundo seja digital, encomende sim fotos em papel: para o álbum, para mandar de presente aos familiares mais queridos, para você mesma colocar em porta-retratos. É muito mais significativo do que mandar um arquivo, pois, ao mandar uma cópia daquele momento para alguém, você não estará anexando apenas um cartão seu com uma mensagem de carinho, mas também enviando-lhes um pedaço concreto de uma lembrança a ser eternizada em um canto especial da casa e da vida deles.

Melhor prevenir

Pergunte ao padre se ele faz restrição a fotografias em algum momento, tanto para evitar constrangimento quanto para seu próprio conhecimento e da equipe de foto e vídeo.

Aliás, um detalhe importante é a equipe. Deixe claro que você espera que eles apareçam vestidos, no mínimo, com discrição, o que não precisa ir além de uma calça e sapatos pretos e uma camisa branca ou preta bem-passada.

Já que o assunto é festa, não se esqueça de designar um padrinho ou alguém da família para dar dicas ao fotógrafo. É ele quem vai mostrar quem são os parentes, os amigos mais chegados, enfim, quem você faz questão de registrar nessa lembrança.

Vídeo

É indispensável conferir a qualidade do serviço e checar o portfólio da empresa. Mas isso não basta, peça referências.

Não custa repetir: vai tudo escrito certinho no contrato.

- Quantas câmeras?
- Quantas pessoas na equipe (fazendo o quê)?
- Quantas horas estarão disponíveis?
- Quantas cópias do material são fornecidas?
- O material bruto é entregue com o editado?
- Quanto tempo demora a edição?
- Quem cuida da alimentação e do transporte da equipe?

E, principalmente, não viaje: evite embarcar em delírios de filmes ou conto de fadas e acabar literalmente fantasiada.

Fotos do dia seguinte

A moda começou nos Estados Unidos e tomara que não pegue por aqui: as fotos do dia seguinte! Sim, você leu direito: lá há noivos que se submetem a uma sessão de fotos sensuais, na manhã seguinte ao casamento para registrar "o dia seguinte".

Agora, é ou não é para faturar mais algum à custa da privacidade, sono e bolso dos apaixonados?

Não caiam nessa. Registrar para quê? Vocês têm mais o que fazer no dia seguinte ao casamento sem a interferência de fotógrafo, assistente, luzes e câmeras.

Registrem na memória das sensações, que é a mais preciosa. Em um canto do seu coração a que ninguém terá acesso exceto vocês dois. Por mais que se diga que vivemos a era em que tudo é para ser compartilhado, ninguém vai me vender essa ideia ou me convencer de que é normal. E pior, é um mico sem tamanho e ninguém sai ganhando: só os profissionais de foto e vídeo. Fria total.

Durmam bem (vocês estarão precisando), namorem muito e, ao acordar, permitam-se um mínimo de privacidade e intimidade – não tem preço.

DANNILO CAMARGOS

Dannilo Camargos é muito jovem e faz parte da mais nova geração de organizadores de casamentos e festas. Ele nasceu em Uberlândia, Minas Gerais, e muito cedo percebeu a facilidade que tinha não apenas para criar eventos diferentes e divertidos como também para resolver as questões complicadas de logística que, invariavelmente, se apresentam.

Hoje é um dos mais requisitados profissionais de sua região, e seu sucesso deve-se em grande parte à sua rapidez e agilidade em desembaraçar problemas e a forma como não descuida de detalhes – sempre os detalhes –, sem se esquecer de que a diversão também é essencial. Objetivo, criativo e rápido.

Recém-saído da adolescência, Dannilo começou a organizar festas para os amigos e para a família. O sucesso foi tão grande que não demorou a ter uma agenda cheia graças apenas às recomendações de clientes satisfeitos. E percebeu que era preciso contratar e registrar funcionários e profissionalizar sua atividade. Estava criada a DFestas, que hoje trabalha no estado de Minas Gerais e região – e também acaba de abrir um braço na cidade de São Paulo.

Rápido, percebeu que a logística e os fornecedores eram pontos nevrálgicos em qualquer evento – tão importantes quanto a criatividade ou mesmo um orçamento maior. E tratou de aprender com os erros, aperfeiçoando no que era possível, elaborando mais quando necessário até chegar ao ponto em que se sente seguro para fazer até mesmo dois eventos em um só dia – o que é frequente.

Aliás, essa é uma das grandes diferenças que sente de uma década para cá: o tempo para fazer um evento *diminuiu*. Hoje é tudo muito mais rápido e há uma exigência muito maior por eficiência.

Dannilo já cresceu com um modelo de casamentos em que a tecnologia tem um papel importante – e acredita que ela mais ajuda

que atrapalha. É fã dos pisos e painéis de LED e garante que, apesar de aumentarem o custo, as pessoas pedem e pagam felizes – pois a diferença na animação da pista de dança é visível.

E por falar em animação: na sua região, casamento bom é aquele em que o DJ abre os trabalhos e segue noite adentro com uma ou mais duplas sertanejas tocando ao vivo os sucessos do momento.

Ele percebe também uma grande mudança nos locais onde hoje se realizam as festas. Se antes eram apenas bufês com uma estrutura mais engessada, hoje boa parte dos locais são grandes galpões onde a cenografia é desenvolvida a partir do projeto de cada cliente. Há também a possibilidade de se criar um projeto de paisagismo específico, dependendo da arquitetura desses locais.

Claro que essa facilidade não se aplica às belíssimas igrejas barrocas do estado de Minas. Lá, respeitando a beleza da decoração original, não é permitido decorar a igreja, exceto por poucas flores no altar.

Em Minas Gerais e região, há o hábito de fazer a festa em dois salões separados: um para a festa e o outro para a refeição. Quando isso não acontece, Dannilo percebe que os noivos pedem cada vez mais comida volante, para que as pessoas circulem, dancem e comam conforme rola a festa.

Ele também destaca a presença cada vez maior da gastronomia molecular e de um serviço de bar com drinques cada vez mais sofisticados e abundantes. E alerta (assim como fizeram seus colegas) para o fato de que as antigas medidas de bebida por convidado não valem mais. Hoje bebe-se muito, a noite toda e o que tiver.

Falando em "o que tiver": uma das maiores saias justas de Dannilo ocorreu em um casamento na qual haviam sido confirmadas quatrocentas pessoas e compareceram mais de seiscentas. Não deu outra: à certa altura da noite a comida começou a acabar. Antes que a tragédia se concretizasse, Dannilo instruiu o chef a literalmente se virar com o que fosse possível. E deu apoio para eventualmente mandar buscar o necessário.

Em pouco tempo, lindamente apresentados, surgiram no bufê pratos e travessas de arroz, feijão, picadinho, refogados de legumes – o que houvesse! Tudo quentinho e suficiente para não passar o recibo de pouca comida.

Pois não é que os convidados acharam graça no fato de "variar" o cardápio a partir de determinado horário? E, fora o staff, ninguém percebeu...

Outra saia justa: em um casamento importante, com a presença do governador do estado de Minas, os manobristas simplesmente deram o cano! A sorte é que, como era em um hotel, Dannilo rapidamente combinou com a gerência para que os funcionários da casa dessem apoio. E assim resolveu a questão. Nesse dia, sua aflição era tanta que, supervisionando o trabalho, deu uma dura em um rapaz parado à porta do estabelecimento:

"*O que é que você está fazendo aí parado? Por favor, vá buscar o carro!*"

E prontamente ouviu do convidado – que não era o manobrista:

"*Mas sou eu que estou esperando o carro...*"

Ok, todo organizador de eventos e cerimonialista está sujeito a micos. Mas a marca registrada de Dannilo é o capricho na execução – do início ao fim. É dele a ideia de mandar, no carro que pega os convidados no aeroporto, um kit personalizado com tudo o que é possível: até mesmo a música que ouvem no carro já tem a ver com a trilha sonora concebida para o casamento em questão.

Ao chegar ao quarto de hotel, almofadas e travesseiros têm fronhas com as iniciais bordadas... *com o monograma de cada convidado*, personalizadas no quarto de cada um, para que levem de lembrança.

Já na festa, dependendo do que foi combinado com a noiva, é montado um salão de beleza no local, para fazer massagens e retocar a maquiagem e os cabelos das mulheres – e até dos homens que assim desejarem.

E, ao chegar da festa em seu quarto, os convidados de fora da cidade novamente são surpreendidos com um lindo porta-retratos com uma foto deles tirada há poucos instantes, ainda na festa. Pois é. Eu disse que a marca registrada desse moço era eficiência e rapidez. E, claro, talento – porque, sem talento, nada acontece.

CAPÍTULO 10

Ajustes no visual

Não importa seu temperamento, idade, estilo de vida ou tipo físico. O fato é que, ao escolher casar-se, independentemente do tipo de cerimônia, não apenas o vestido, mas também a maquiagem e os acessórios serão importantes nesse dia. Afinal de contas, esse é um momento pra lá de significativo: uma nova fase da sua vida, cheia de planos e expectativas, quando você está confirmando na frente de amigos, família e colegas seu sentimento profundo pelo homem (ou mulher) com quem está se casando.

Esses são apenas alguns dos motivos para prestar atenção especial à forma como irá se apresentar nesse dia marcante. Assim, pense, tome seu tempo, mas, acima de tudo, seja sincera consigo mesma. Não aceite interferências de terceiros, conselhos, modismos, nada que a desvie do sentimento de sintonia total que deve envolvê-la quando vestir seu traje de noiva e todos os complementos.

Dieta da Doida

Todo mundo quer estar bem no dia do casamento – aliás, sempre. Mas definitivamente esse não é o momento de se dedicar a novas e malucas dietas. Limite-se a tudo o que você já conhece em termos de emagrecimento e desintoxicação – ou seja: coma leve, ingredientes frescos, não abuse e não beba nada alcoólico (sim, engorda à beça e cada um daqueles espumantes ou cervejas ingeridos para comemorar se traduzem em quilos e volume).

Se você está ligeiramente acima do peso isso deveria dar conta do recado. Se você está muito mais pesada do que gostaria, não será uma dieta maluca que vai resolver isso um mês antes do casamento – é simples assim.

Mas vale a pena contar sobre a novidade que vem sendo vendida como "Dieta da Noiva", que batizei de Dieta da Doida por motivos óbvios, como você verá:

Parece magia, mas é loucura pura: promete reduzir até nove quilos da silhueta em... dez dias! Surgiu em Miami e já pegou aqui. E o que me espanta mais é o fato de alguns médicos avalizarem a prática como algo "superseguro".

É assim: você fecha a boca nos dez dias que antecedem o casamento, faz uma dieta sem carboidratos e praticamente sem comida. Como esse é um período fácil, calmo e sem estresse, vai poder andar durante todo esse tempo com um tubo preso ao nariz (superprático, né?), que vai gotejar alimentos em seu organismo durante todo o dia.

Assim (garantem eles), você não sentirá fome. E também não terá o prazer de se sentir uma mulher inteira durante todo esse período. E nem poderá degustar os inúmeros quitutes servidos em chá de cozinha (ou chá-bar, chá de lingerie etc.), despedidas de solteira, *happy hours* com amigas, nada disso.

Naturalmente corre o risco de pegar uma infecçãozinha qualquer andando por aí com o tal tubo acoplado ao nariz – mas isso é um colateral sem importância, certo? E não precisa tomar remédio nenhum. Segundo os médicos que defendem a prática, basta "um laxantezinho" para poder ir ao banheiro. Coisa simples, que quase não desregula o organismo, em um período tranquilo como esse. Eu, hein?

E eis que no dia do casamento você terá a imensa satisfação de se casar mais magra! Vale ou não a pena pagar para ver? Fiquei um pouco na dúvida, pois nas matérias sobre a nova dieta, os médicos afirmam que tudo isso é possível, claro, mas que a noiva não se iluda: retirado o tubinho do nariz, ela voltará da lua de mel com cada quilo perdido recuperado. E aí é ou não é uma dieta de doida?

De modo que, respire e pense em alternativas mais inteligentes para ficar mais bonita. Há tratamentos como clareamento de dentes, colocação de cabelos e minicirurgias que prometem milagres para o grande dia. Não serão milagres, claro, mas não custa se informar com cuidado, muito cuidado mesmo e – mais importante – tentar conversar e conferir ao vivo com quem já passou por eles.

Maquiagem – escolha alguém que você já conhece

Mais do que o vestido ou o véu, seu rosto é que será o centro das atrações nesse momento. Daí a importância de um bom maquiador e uma maquiagem adequada. Porém só pense nisso depois que já tiver definido o modelo de seu vestido e o esquema de cores da decoração. Antes, não vale a pena.

Não basta ser um ótimo profissional. Tem de ser alguém que já conheça as nuances do seu rosto, seu temperamento e suas preferências. Só assim ele vai saber realçar seus pontos fortes e disfarçar o que a incomoda.

Nem pense em procurar aquele supermaquiador das estrelas, que só atende as modelos mais lindas. Ele dificilmente vai ter tempo para fazer testes e esclarecer suas dúvidas. O mais provável é que só o conheça no dia, entre um compromisso e outro, e que ele lhe dispense com impaciência. Você não precisa passar por isso. Nem no dia do seu casamento, nem nunca.

Marque mais de um teste

Se você não costuma se maquiar, apenas um teste não vai lhe dar a oportunidade de se familiarizar com seu visual e pensar em mudanças para se sentir confortável no dia. Faça mais uma prova, de preferência em dias em que você tenha algum compromisso no qual possa "aproveitar" o visual para testar a reação das pessoas e acostumar-se a ele. Não pense que vai estragar a surpresa para seu noivo; afinal, ele estará vendo apenas a maquiagem – sem o véu, a música e todo aquele clima emocionante.

Cabelo

Um dos motivos pelos quais as noivas ficam tão bonitas, no dia do casamento, é que elas podem contar não apenas com uma, mas duas molduras para enfeitar o rosto: o véu e os próprios cabelos.

Por isso, se você gosta deles, não os esconda em coques esticados ou debaixo de arranjos exagerados. A não ser que seja para muito melhor, não vale a pena alterar demais o rosto. Seus cabelos devem enfeitá-la de maneira natural, como você está habituada a usar, mas com alguns toques especiais, é claro.

Cortar

Nem pense em mudanças radicais a menos de quatro meses da data do seu casamento! Se você realmente quer fazer uma mudança significativa em seu visual e acha que cortar os cabelos vai ajudar, faça-o com uma boa folga de tempo, para o caso de se arrepender. Assim, haverá tempo para acertos, correções e até mesmo para que eles cresçam um pouco novamente.

Você terá também tempo suficiente para se habituar ao novo estilo e aprender a tirar maior proveito dele em seu benefício.

Tingir

Se você quiser mudar completamente a cor de seus cabelos, vale o mesmo conselho: nunca com menos de dois meses de antecedência, pois, se não gostar da nova cor ou dos reflexos, poderá voltar à cor original com tratamentos necessários para não prejudicar demais os fios.

No caso de simplesmente retocar a tintura na sua tonalidade habitual, faça-o uma semana ou cinco dias antes da data marcada.

Assim você não perde tanto tempo e energia na véspera ou no dia, quando já estará mais cansada, requisitada por todos.

Banhos, tratamento, corte das pontas

Você tem direito a tudo isso e muito mais. No entanto, não entre na onda do "dia da noiva", deixando para fazer um tratamento completo no dia do casamento. É um tremendo engano achar que essa maratona de beleza é relaxante. Pode até ser, se depois você voltar para casa e se enfiar em um confortável roupão atoalhado para assistir à sua série ou novela preferida na televisão. Mas jamais se você tiver de enfrentar uma cerimônia emocionante e uma festa agitada depois.

Deixe para fazer no dia apenas o que for absolutamente indispensável. Entregue-se a esses outros tratamentos quatro ou cinco dias antes. Ninguém vai notar a diferença e você vai estar muito mais descansada!

Permanentes, suportes, alisamentos e chapinhas

Se for a primeira vez, cuidado. Não exagere na intensidade do líquido, para não queimar os cabelos. Mesmo assim, é aconselhável fazê-lo com dois ou três meses de antecedência, para que o cabelo vá "amaciando" até o dia do casamento. Além do mais, você ainda terá tempo de cuidar das pontinhas queimadas.

Mesmo que já esteja acostumada a permanentes e suportes, retoque um mês ou três semanas antes. Assim os cachos poderão "assentar" com mais naturalidade.

Vale também para estrear alisamentos, relaxamentos e chapinhas – com direito a retoques uma semana antes, se for o caso.

Perucas e apliques

Teste tudo o que tiver vontade. E quantas vezes quiser. E insisto: pelo menos dois meses antes. Assim, você poderá pedir palpites voltar atrás, tornar a testar, arrepender-se... Mas, quando chegar a hora, tudo estará resolvido. Afinal, há mais o que fazer às vésperas do seu casamento do que sair correndo atrás de um aplique na tonalidade de seu cabelo.

Depilação, pés e mãos

Aproveite o dia da maratona da beleza e faça tudo isso junto dois dias antes. Pés e mãos também podem ser deixados para a antevéspera. E, no dia mesmo, apenas cabelo, maquiagem e retoque no esmalte, se necessário.

Se você está achando um exagero ir ao cabeleireiro praticamente de três em três dias nesse momento, veja pelo outro lado: será uma ótima oportunidade para fugir um pouco da agitação que certamente já vai ter tomado conta da sua casa. Se conseguir, desligue mesmo o celular. Assim, estará economizando, além de tempo, toda a sua energia para o dia D.

STELLA LACERDA

Stella Lacerda é uma das cerimonialistas mais respeitadas e queridas de Vitória, no Espírito Santo. Em um mercado jovem como é o dessa região, sua postura discreta e sóbria certamente contribui para isso.

Enriquecido nas últimas décadas com a instalação de grandes empresas na região, aos poucos o mercado se revitalizou com eventos que se intensificaram – notadamente nos últimos anos.

Stella faz todo tipo de eventos, mas não esconde a predileção pelos casamentos pelos quais ficou mais conhecida. Quando a grande amiga, também cerimonialista, Angela Borges a convidou para ajudar em um casamento, apaixonou-se pela possibilidade de realizar sonhos em uma data tão especial. E nunca mais parou.

Elegante, ela prefere as festas com toques mais clássicos: da decoração à vestimenta, sempre orienta que se usem modelos mais atemporais e com caimento perfeito. Nada contra os fashionistas e uma moda mais ousada. Apenas acha que, para uma ocasião como bodas, o conceito fashion pode ficar datado e mais atrapalhar do que ajudar. No que não deixa de ter razão.

Stella trabalha com base nos costumes da região. Lá, ao contrário de outros grandes centros urbanos, a cerimônia religiosa de um casamento continua sendo o momento mais importante (e não a megafesta ou os efeitos especiais).

Quando prepara um casamento, sabe que será uma cerimônia na igreja seguida de uma bela festa e não, como se percebe em muitos casos, uma grande festa com a cerimônia religiosa encaixada do jeito que der...

Uma festa pequena no Espírito Santo é pequena mesmo: entre cinquenta e cem convidados. O jeito de receber ainda é uma forma possível e calorosa, em que todos interagem. Esse conceito de festas mais na "medida do homem" permite uma aproximação maior

entre noivos e convidados. Como nas festas pré-casamento, muito comuns em Vitória, em que, os noivos e os amigos se divertem em casa ou mesmo em uma suíte de hotel – fazendo vídeos e filmando o making of de forma mais descontraída em uma espécie de "esquenta" do casamento em si.

Apesar de sua especialidade serem os casamentos, ela não recusa um desafio: como o da festa de fim de ano de uma grande empresa da região que demandou toda sua capacidade de planejamento e decisão. Eram mais de mil funcionários e o fato de ser o final do ano dificultava a contratação de fornecedores e serviços. Que, aliás, era complicado: havia um sistema de refrigeração de larga escala e todo o mobiliário estaria vindo de outros estados. Ela e a parceira Angela tiveram de começar a montagem com uma semana de antecedência para terminar em tempo e ensaiaram o roteiro previamente, planejando de forma detalhadíssima para não correr riscos de falhas.

O amor pela profissão foi passado para a filha Roberta, que hoje trabalha com ela e é responsável por vários casamentos impecáveis. Porém, Roberta demorou a se decidir pela carreira: inquieta, sabia que gostava de eventos e de coisas bonitas. De festas, cerimonial e de momentos organizados. Mas experimentou outras atividades até optar pela parceria com a mãe.

O que lhe deu uma experiência extra e, para a atividade de Stella, um novo ponto de vista com relação a vários assuntos.

Compreensivelmente, o primeiro evento de Roberta como cerimonialista foi um casamento. Ela ri lembrando até hoje a infinidade de anotações que fez para que tudo saísse correto na hora da cerimônia, e principalmente para que os noivos sentissem segurança e calma.

O fato de tudo ter dado certo naquela primeira vez lhe deu um prazer imenso e a partir de então não fica mais nervosa, por maior que seja o contratempo: ela sabe que seu lugar na vida é ali mesmo, no meio daquela agitação, da emoção e do sonho das pessoas.

Seu maior desafio em termos de evento, naturalmente foi um casamento. Um amigo seu que também organiza eventos estava se casando e pediu-lhe para organizar a festa. Imaginem a saia justa e a aflição dela sabendo que ele também estaria mantendo um check list do seu check list...

E não era apenas uma questão conceitual. No dia, a festa, que estava fechada para quinhentos convidados, foi crescendo, e quando Roberta deu pela coisa, percebeu que estavam presentes quase novecentos!

A cerimônia estava marcada para as 19h30, mas atrasou e só começou às 21 horas. E tudo isso se passou em uma cidade distante de Vitória, sem estrutura e locais de apoio por perto. E é claro que imprevistos começaram a pipocar: a máquina de chope quebrou e não havia como consertar ou substituir...

Roberta ergueu a cabeça, retocou o "esnobe", seu batom ultrarrosa, e foi em frente, se virando nos trinta com sua equipe para não deixar a peteca cair. Muitos sorrisos, algumas soluções alternativas e, no fim, a festa terminou de madrugada, em meio a muita risada.

O motivo? Dois micos impagáveis testemunhados pelas meninas: enquanto se despediam dos convidados junto à mesa de doces, viram uma senhora elegantíssima abrir sua bolsa de noite cravejada de pedras e, cuidadosamente, tirar uma sacolinha plástica para melhor acondicionar os docinhos!

Mas não parou aí. Momentos depois, um rapaz muito jovem (sem noção e não tão prevenido) não teve dúvidas: abaixou-se discretamente um par de vezes e, achando que ninguém via, ajeitou sem a menor cerimônia os mesmos docinhos nas meias! E saiu andando naturalmente, com as calças do terno ocultando seu segredo...

Passado o espanto e percebendo quanto os doces deviam mesmo estar irresistíveis, Roberta e as meninas não deixaram por menos e, quebrando só um pouquinho o protocolo, experimentaram ali mesmo um e outro. Um de cada vez, claro, e sem inventar outras formas de acondicionar ou transportar as delicadas delícias.

CAPÍTULO 11

O grande dia

A cerimônia

Nervosa? Não há motivo!

Ansiosa, talvez, emocionada, provavelmente. Mas nervosa? Esqueça isso! Não se deixe envolver por esse estado de espírito que contribui apenas para deixá-la com a fisionomia carregada e que a impedirá de aproveitar plenamente um momento que deve ser de pura alegria.

Além de se convencer disso, tome algumas providências para minimizar as chances de alguém ou algo perturbá-la. Assim, evite mais do que três pessoas ao seu redor nesse dia.

Não permita a intromissão de primas, amigas bem-intencionadas da mãe, a irmã da cozinheira que também está noiva e quer vê-la, nada disso.

Sua mãe, suas irmãs, a babá que a criou já somam pelo menos três, quatro pessoas, está bom, não?

Mesmo porque vão estar todos bastante agitados para falar e ocupar o espaço de vinte! Por isso, tente realmente manter a privacidade. A hora do café da manhã e do banho, por exemplo, deveriam ser sagradas, sem interrupções de nenhuma espécie.

E, sim, desligue o celular! É isso aí: tudo deveria estar sob controle e, ainda que isso não ocorra, não será você, linda e noiva, que irá resolver nesse dia. Delegue. Respire fundo. Perfume o ambiente. Respire novamente. Escolha uma música e coloque um som sem ser altíssimo.

Mas faça tudo isso sozinha. Isole-se nesse momento até mesmo de seu noivo e da consultora de casamentos, que pode muito bem resolver as coisas com sua mãe. E verá como vai emergir dele fortalecida e calma. Radiante e firme, emocionada e vibrante, sim, mas sem atropelos. Acredite: esse tipo de providência é muito simples de executar e funciona à beça!

Bebidas alcoólicas

Esqueça a ideia de beber qualquer bebida alcoólica antes de ir à igreja. Nem mesmo para relaxar. Além de não relaxar, quando ingerida sob pressão pode provocar efeitos completamente imprevisíveis.

Saco vazio não para em pé

Você já fez toda dieta que deveria ter feito. Jejuar no dia do seu casamento não vai fazer sua cintura afinar nem um milímetro a mais. Portanto, não importa o horário em que vai se casar, você deve estar alimentada e hidratada. Isso não quer dizer que deva comer feijoada uma hora antes. Mas manter sanduíches salgados e sucos por perto é uma boa ideia. Isso aumenta a pressão e você não vai entrar na igreja com a sensação de fraqueza e fome. Se sua pressão já é alta, é o caso de ater-se aos sucos e a uma jarra de água gelada com açúcar.

Fotos antes da cerimônia

Isso deve ser feito apenas no caso de a noiva querer tirar as clássicas fotos sozinha ou com o pai antes de sair de casa. Com o noivo é mais difícil. Além de estragar a surpresa, provavelmente os dois estarão muito ansiosos para apresentar sorrisos relaxados e carinhas serenas num momento como esse.

Quaisquer que sejam as fotos marcadas para antes da cerimônia, estas devem começar pelo menos uma hora antes. Para que a noiva tenha uma boa meia hora, sem se afobar, com o fotógrafo e ainda possa dar os últimos retoques antes de sair para a igreja. Chegando exatamente no horário marcado, é claro.

A caminho da igreja

Siga a mesma filosofia: nada de irmãzinhas e primos com você no carro. Apenas seu pai. Afinal de contas, esse é um momento importante também para ele. Que tal aproveitá-lo a sós com o homem que está lhe proporcionando uma boa parte dessa farra toda?

Nem um minuto de atraso

Sabe por quê? Porque é simplesmente o cúmulo da falta de educação. Não é sinal de sofisticação nem faz parte do folclore da "noiva ocupada demais". É uma prova indiscutível de grosseria mesmo. Você teve meses para se preparar para esse dia e pensar em todos os possíveis imprevistos. Nada justifica atrasos de meia hora ou mais, como muitas vezes somos obrigados a suportar. Nem quinze minutos. Talvez cinco.

Onde estão as daminhas?

Damas e pajens (se você optou por esse recurso) deverão estar esperando-a do lado de fora da igreja, devidamente acompanhados por seus pais. A maneira como o cortejo vai entrar fica a seu critério. Existem duas possibilidades:

O cortejo de daminhas e pajens entra ao som de uma música previamente escolhida e chega ao altar. Só então, ao som da música executada especialmente para a entrada da noiva, é que ela entrará levada pelo pai.

Ao som da música escolhida para a entrada da noiva, entra o cortejo de damas e pajens. A noiva e seu pai entram três passos atrás.

Em tempo: cortejo de entrada – não gosto – é regional.

Caminhando pela nave

É o seu momento. Em vez de se sentir intimidada com tantos olhares voltados em sua direção, lembre-se de que essas pessoas são todas muito queridas e estão ali justamente porque gostam de você. Sinta-se envolvida por essa onda de carinho e, enlaçando o braço no de seu pai, caminhe com calma, no ritmo da música, sorrindo para quem der vontade, cumprimentando um ou outro, se for o caso.

Buquê, luvas & cia.

Você estará segurando seu buquê com a mão direita. Se for um modelo pesado, pegue firme com as duas mãos e boa sorte!

Se estiver usando luvas, o momento de tirá-las é na hora da troca de alianças. Então, não se afobe e desabotoe suas luvinhas com calma. Todos podem esperar trinta segundos. Buquê, luvas e outros acessórios devem ser entregues a uma madrinha, que saberá previamente da sua missão e estará atenta a seus movimentos.

No altar

Ao chegar ao altar, seu noivo estará esperando-a do lado direito. Ele cumprimenta seu pai, que depois disso se dirige ao lado esquerdo do altar. Você pode até beijar seu noivo, se der vontade. Mas ainda não é o momento "do beijo pra foto", tá?

Desse momento em diante, o padre tem a palavra, e basta acompanhar suas palavras e seguir as instruções. As cerimônias variam ligeiramente de uma paróquia para outra ou até mesmo de um padre para outro. E, claro, de uma religião para outra.

No momento da troca de alianças e de proferir os votos, tente falar alto e com clareza, apesar da emoção. Para muita gente esse é o momento mais importante da cerimônia e, se as pessoas não ouvirem os votos, ficará realmente faltando alguma coisa.

Cortejo

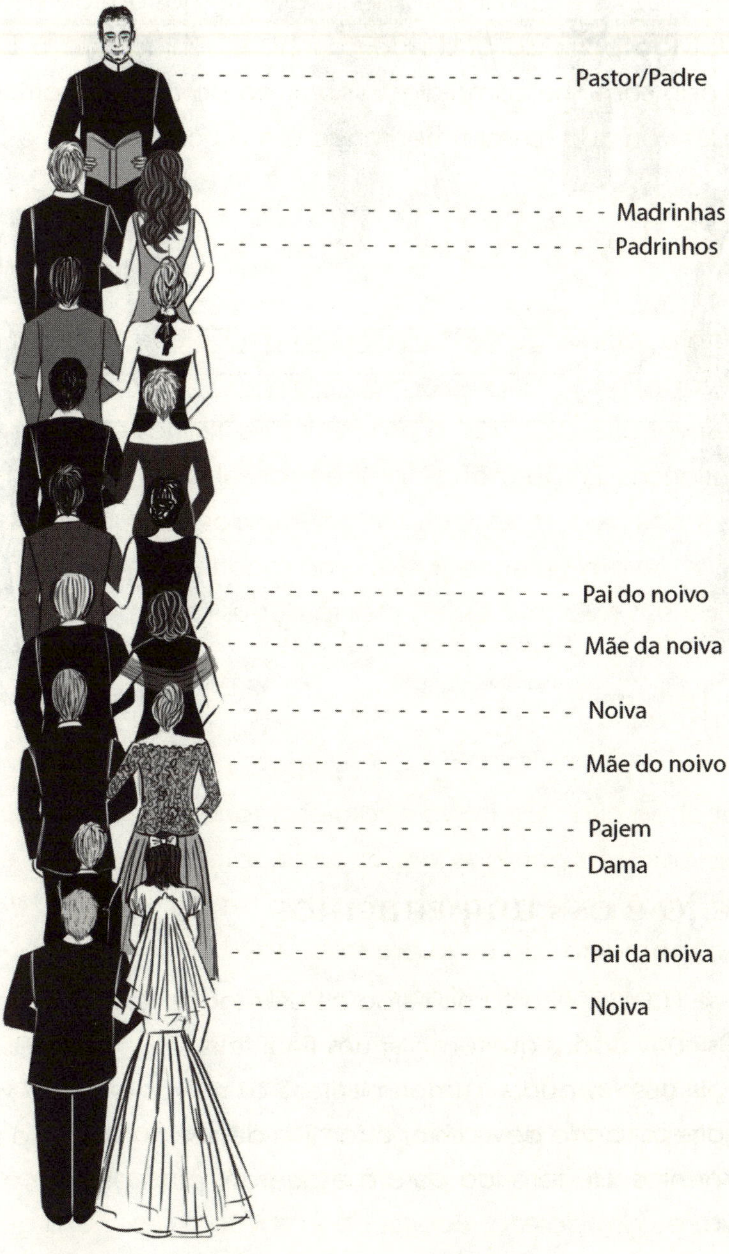

O beijo e os cumprimentos

Beijem-se da maneira como estão acostumados, com alegria e vontade. Os convidados querem ver um final feliz.

Depois disso o padre cumprimentará os noivos e então você vai para a direita, onde deve estar a família de seu noivo, para receber cumprimentos. Ele terá ido para a esquerda, para abraçar a família da noiva.

Não é necessário demorar-se demais em abraços exagerados e beijos lacrimosos. Lembre-se dos convidados. Assim que cumprimentar seus sogros e padrinhos, espere seu noivo terminar também, cruzem o altar por trás, dirigindo-se então, cada um, à sua respectiva família.

Terminando, voltem ao altar e, de frente para a nave, esperem a música começar para iniciar o cortejo de saída. Não se preocupe com quem vem atrás: eles saberão o que fazer. A você cabe apenas puxar o cortejo.

Fila de cumprimentos

Você já terá decidido com antecedência se receberão os cumprimentos na saída da igreja ou na própria festa. Se todas as pessoas presentes à cerimônia religiosa foram convidadas para a festa, não há necessidade de fazer fila na igreja, pois todos terão a oportunidade de lhe falar mais tarde.

Antes de sair da igreja, você deve saber onde será (e se haverá) a fila de cumprimentos. Essa é a maneira tradicional de os convidados parabenizarem vocês e seus pais. Os noivos e respectivos pais se colocam numa área escolhida para isso – algum lugar de fácil acesso e que facilite o tráfego das pessoas.

No entanto, se nem todos ali tiverem sido convidados para a festa, é mais delicado receber os cumprimentos na própria igreja, logo após a cerimônia. Normalmente, a igreja já tem um local apropriado para isso, e você saberá para onde se dirigir, pois terá se informado com antecedência.

É claro que pode ser mais prático cumprimentar os amigos de seus pais e sogros logo na saída da igreja e deixar o momento da festa para se divertir exclusivamente com seus amigos. A escolha, nesse caso, fica a seu critério.

Os noivos se posicionam lado a lado entre seus respectivos pais. Irmãos, irmãs, avós e padrinhos não ficam na fila.

Fotos logo depois da cerimônia

Esse é um ótimo momento para fotos, quando os noivos já estão mais relaxados, pois afinal a parte mais solene da cerimônia já ficou para trás. E ainda não estão atarantados com tanta gente requisitando-os durante a festa. O cabelo e a maquiagem da noiva ainda estarão em ordem e vocês não têm a menor necessidade de chegar imediatamente ao local da festa. Assim, podem tranquilamente tirar uma horinha para fazer algumas fotos "oficiais" longe do burburinho. E, na festa, ficarão por conta das fotos mais espontâneas, com amigos e família. Sem necessidade de posar demais. Há quem dispense as fotos posadas, mais comportadas – mas elas são um registro fácil para identificar pessoas e amigos no futuro.

A festa

Se seu grande momento foi a entrada na igreja, não tenha dúvida de que sua grande lembrança será a da sua festa. Assim, para que nada estrague essa recordação, trate de relaxar, ser espontânea e não tente controlar a situação. Alguém estará fazendo isso justamente para que você possa se divertir plenamente.

Pais dos noivos na festa

Não importa quem está pagando a festa. Uma vez em andamento, os pais de ambos os lados devem sentir-se como, digamos, convidados de honra. Portanto, ajam de maneira adequada: ajudem quando for necessário, mas não se intrometam no serviço. Se estiver faltando algo, comentem, sugiram, insinuem, mas nunca mandem. Todo jogo de cintura é pouco.

Pelo menos no início, é simpático ficar perto dos noivos para identificar possíveis convidados estranhos ao casal. Eles não têm a obrigação de conhecer aquele seu sócio ou o companheiro de clube e, ao mesmo tempo, ficam constrangidos em receber os cumprimentos de quem não conhecem.

Mas só fiquem por perto. Nada de pegar o noivo ou a noiva pela mão, levando-os de mesa em mesa.

Na primeira hora, procurem ficar em local acessível, de fácil visibilidade, para que os convidados possam localizá-los. Depois disso, esqueçam e aproveitem a festa.

Timing

É fundamental instruir a pessoa encarregada da festa a determinar com antecedência, com os músicos e o encarregado do bufê, os horários precisos e um cronograma do que vai acontecer e aproximadamente em que momento. Senão, a coisa toda desanda. Por exemplo: defina exatamente o momento que você deseja que comecem a servir as bebidas e os canapés, e quanto tempo depois disso deverá começar o jantar – se houver.

Da mesma forma, no caso de uma refeição empratada servida em mesas, não deixe por conta deles o intervalo entre um prato e outro. Ás vezes, pode levar mais de uma hora e acaba virando um suplício.

O ideal são trinta minutos entre um prato e outro. Ninguém leva mais tempo do que isso para comer. Se a festa for muito grande e eles alegarem que não dá para servir e retirar tantos pratos nesse intervalo de tempo, faça-os entender que esse é um problema estrutural deles e não seu.

Bebida – é fundamental controlar o fluxo de álcool

É fato que hoje se bebe o dobro, talvez o triplo de drinques e alcoólicos em festas, baladas e, naturalmente, casamentos. Mas esse exagero é um perigo, acredite – e não é caretice minha, é experiência e vivência de muuuuitos fatos que comprovam essa tese.

Por isso combine com alguém da família ou mesmo com o cerimonialista que é preciso dar uma controlada no fluxo da bebida justamente para não perder o controle da situação. Tá achando caretice? Então vejam o pesadelo vivido pela cerimonialista Izis Dorileo de Cuiabá:

Festa rolando, todo mundo muito animado. O pai da noiva, percebendo que a animação já tendia para o caos, comentou com Izis: "Acho que vou pedir para suspender por um tempinho as bebidas alcoólicas, só para ganharem fôlego".

Dito isso, conversou pessoalmente com o encarregado do bufê, que atendeu prontamente. Nisso, com o serviço suspenso, chegam dois amigos do noivo já meio altos e pedem bebida. Ao serem informados pelo rapaz do bufê (ingênuo, sincero e sem traquejo) que por ordem do dono da festa o serviço estava temporariamente suspenso, surtaram.

E partiram direto para o noivo com a seguinte provocação:

"Cara, no dia do teu casamento teu sogro já tá mandando na festa e proíbe de servir bebida? Você não tem moral mesmo!"

O noivo, injuriado, não teve dúvidas e, também já calibrado, partiu para cima do sogro com o dedo levantado tomando satisfações. E antes que o sogro abrisse a boca, o filho, vendo o cunhado com o dedo na cara do pai partiu para cima dele e começou uma briga de proporções tão grandes que o casamento acabou ali.

Sim, eu disse o casamento – a união. Segundo Izis, em pouco tempo não sobrou uma taça inteira, todas as TVs de LED foram quebradas e os convidados fugiram apavorados. E o estrago foi tão grande que a noiva tomou partido, o noivo não se conformou e não houve clima para lua de mel. Incrível, não? E tudo por excesso de álcool, falta de traquejo e controle do fluxo de bebida...

Pensando bem: com esse começo tão desastrado, se a coisa não foi em frente, talvez tenha sido melhor assim...

Tempo é tudo

Fotos, sorrisos para câmera, cumprimentar convidados, ficar com seu noivo, dar atenção aos amigos... será que vou conseguir? Claro que sim. Mas desde que pense em cada detalhe antes, e nunca durante a festa. Reserve e divida bem seu tempo e não se afobe: lembre-se de que é a dona da festa e, portanto, é você quem estabelece o ritmo! Inclusive o momento de ir embora.

Onde eu fico?

Faça exatamente o que tiver vontade. Se quiser circular, circule; quando se cansar, fique sentada à mesa. Não se preocupe com esse tipo de coisa. E também não se sinta na obrigação de se levantar com vestido, véu e cauda toda vez que alguém se aproximar para lhe dar um beijo. Ou eles abaixam ou se mancam.

Você e seu noivo podem se separar de vez em quando. É claro que não precisam ficar completamente longe um do outro, mas nada os obriga a ficar de mãozinhas dadas o tempo todo.

Fotógrafo na festa

Não se preocupe: o fotógrafo virá atrás de vocês quando for a hora. E lembre-se, ele já estará instruído previamente.

Nem pense em interromper o que estiver fazendo para procurar alguém com quem deseja ser fotografada, pois, quando alcançar a pessoa, pode descobrir que o fotógrafo já não está mais onde você o deixou.

Contratempos não são problema seu

Não custa repetir: qualquer tipo de contratempo não é seu problema e será resolvido por outra pessoa. Se perceber qualquer tipo de falha, avise alguém (sua mãe, o garçom mais próximo, um padrinho), mas jamais interfira pessoalmente no andamento do serviço.

Você é a noiva e deve manter-se longe de questões prosaicas, como serviço lento ou falta de papel higiênico.

Brinde e bolo

Não deixem passar muito tempo para cortar o bolo. Alguns casais entram nessa até por conselho do cerimonialista, que acredita que, com isso, vai "esticar" a festa, pois sabe que, depois desse momento, os convidados estão liberados para se retirar. É horrível. Dessa forma, eles conseguem apenas reunir um número maior de pessoas entediadas ou ansiosas por ir embora. O que não colabora muito para animar nenhuma festa, não acha?

CAPÍTULO 12

Contagem regressiva: atenção ao check list!

Seis ou doze meses antes do casamento

- Comuniquem à família e aos amigos que vão se casar.

- Definam onde vão morar.

- Reúnam as famílias para discutir os planos do casamento, incluindo orçamentos disponíveis.

- Abram uma conta conjunta exclusiva para despesas da festa e futura casa.

- Definam a data e confiram se não é feriado nacional ou religioso.

- Definam o estilo da cerimônia e da festa, para começar o planejamento.

- Escolham e definam os padrinhos.

- Definam, na medida do possível, um orçamento com previsões de gastos.

- Decidam se vão usar um consultor de noivas ou um coordenador de casamentos. Nesse caso, marquem uma reunião para a primeira consulta.

- Liguem para a igreja, sinagoga ou templo em questão para marcar uma reunião com o oficiante.

- Se forem reformar a futura casa, esse é o momento de começar a tomar as providências.

- Comecem a orçar serviços, como floristas, bufês, fotógrafos e filmadores.

- Comecem a anotar o que gostariam de ganhar de presente.

- Pensem em uma ideia para a recepção: cardápio, bebidas, diversão, música etc.

- Liguem para o salão ou bufê (se já tiver escolhido algum) e reservem-no.

- Contratem também os serviços de foto, vídeo, filmagem, florista, músicos, limusine etc.

- Definam suas roupas de casamento e o arranjo de cabeça. Pense também nas madrinhas.

Cinco meses antes do casamento

- Definam os planos para a lua de mel e comecem a pesquisar orçamentos.

- Comecem a elaborar, juntos, a lista de convidados comuns.

- Definam as prioridades do que vão comprar para mobiliar a casa (quarto do casal, cozinha, mesa de jantar etc.).

- Decidam as cores da pintura e detalhes de acabamento da casa.

- Decidam que móveis serão aproveitados das casas anteriores de cada um e que tipo de reforma ou adaptação é necessário – caso haja algum.

- Escolha e encomende seu vestido e o arranjo de cabeça.

- Confiram exemplares de convites de casamento e cartões anexos.

- Dividam, na medida do possível, as tarefas entre seus familiares e amigos.

- Definam se vão usar pajens e daminhas e façam o convite às crianças e a seus pais.

Quatro meses antes do casamento

- Definam se vão casar no civil no mesmo dia do religioso. Se não forem, decidam como e quando o farão.

- Informem-se sobre o que reza a lei brasileira (regime de separação parcial de bens), para ter tempo de elaborar outro contrato, se for o caso.

- Decidam que tipo de música vão querer (para a igreja e a festa) e distribuam entre si as tarefas de providenciar tudo.

- Contratem a banda ou o DJ e façam a seleção do que querem.

- Façam uma reunião com o *maître* ou gerente do bufê para discutir o cardápio da festa.

- Façam uma reunião com o consultor, se forem usar seus serviços, para obter respostas às suas dúvidas.

- Façam uma pesquisa das lembrancinhas disponíveis no mercado e, se forem optar por estas, definam uma.

Três meses antes do casamento

- Liguem para o cartório. Providenciem a documentação e marquem a data do casamento civil.

- Comecem a organizar suas roupas para a viagem de lua de mel.

- Concluam a lista de convidados, chequem se não há o mesmo nome duas vezes e a grafia correta dos nomes e endereços.

- Elaborem juntos uma lista de presentes, trocando ideias e sugestões.

- Façam uma reunião com o decorador para confirmar o orçamento e os detalhes da decoração. Flores: arranjos da mesa principal, das mesas, do bolo, do salão, da igreja, do buquê etc.

- Comecem a endereçar os envelopes dos convites.

- Marquem uma reunião com o bufê para provarem a comida.

- Encomendem as lembrancinhas.

- Definam e reservem o material de aluguel (se forem usar).

- Providenciem o passaporte e os vistos da viagem (se necessário).

Dois meses antes do casamento

- Escolham o bolo.

- Contratem (se necessário) serviço extra de garçons e copeiras.

Sete semanas antes do casamento

- Façam sua lista de presente em uma ou mais lojas de sua cidade.

- Consultem uma loja de aluguel de festa, no caso de algum equipamento que deverá ser alugado para a recepção.

- Encontrem-se com o *maître* ou gerente do bufê e acertem os detalhes finais da recepção. Peçam uma planta da sala, com a disposição dos elementos.

- Falem com os músicos e revejam a seleção de músicas.

- Contratem o serviço de manobrista (se necessário).

- Entreguem os convites para serem sobrescritados, no caso de usar um calígrafo. Senão, comecem a sobrescritá-los com calma.

Seis semanas antes do casamento

- Liguem para a igreja ou templo e confirmem a data e o horário.

- Combinem com os padrinhos, incluindo os pais, e aluguem suas roupas na mesma loja (no caso de aluguel).

- Decidam se a noiva vai mudar o nome na documentação e providenciem os detalhes burocráticos.

- Comece os primeiros testes de cabelo e maquiagem. Escolha cabeleireiro e maquiador e comece a definir o que vai querer.

Cinco semanas antes do casamento

- Enviem todos os convites.

- Se enviarem pelo correio, mande pelo menos cinco, como teste, para você e sua família.

- Reúnam-se com os amigos mais íntimos e repassem a lista de convidados para verificar se não se esqueceram de ninguém.

- Reúnam-se com o florista e escolham as flores. Leve amostras de tecido da roupa de quem estará no altar ou seu esquema de cores definido.

- Preparem a lista do chá de cozinha e entregue-a a quem vai organizá-lo.

Quatro semanas antes do casamento

- Todos os convites devem estar no correio ou entregues.

- Faça uma reunião final com seu cabeleireiro e maquiador e teste alguns penteados e a maquiagem, se achar necessário.

- Finalizem os arranjos para recepção. Escolham o sabor e o enfeite do bolo.

- Faça uma reunião para a prova final de seu vestido.

- Se for mudar a cor de seus cabelos, fazer reflexos ou permanentes, esse é o momento. Não deixe para mais tarde, quando não haverá tempo de corrigir possíveis falhas.

» Abasteçam sua nova casa com mantimentos não perecíveis e produtos de limpeza.

» Verifiquem as providências de transporte para o casamento e para a recepção.

» Decidam se irão receber os cumprimentos na igreja ou na festa.

Três semanas antes do casamento

» Faça a prova final do vestido (ou pelo menos a penúltima).

» Separem numa pasta cartões e envelopes de presentes para agradecimentos posteriores.

» Vá a todos os chás de cozinha, chás-bar, chás de banheiro etc., tentando aproveitar ao máximo.

Duas semanas antes do casamento

» Resolvam com suas famílias se vão ou não querer fila de cumprimentos e informem-se onde é o local para isso, na igreja.

» Planejem um pacote de boas-vindas para os convidados receberem no hotel quando chegarem.

» Confiram os acessórios que forem usar no dia, como meias extras, lingeries, alfinetes de segurança, joias e bijuterias.

» Chequem os nomes de convidados que não responderam ao convite. Você deve ter um número exato para fornecer ao *maître*.

- Encontrem-se com seu consultor (se estiver usando seus serviços) para resolver todos os detalhes pendentes.

- Prepare seu kit de primeiros-socorros para levar na viagem. Deixe tudo prontinho para levar na frasqueira.

Uma semana antes do casamento

- Comam bem e preparem-se para o resto da semana.

- Dupla checagem de todos os serviços solicitados: florista, fotografia, *maître*, igreja etc.

- Arranje "algo velho, novo, emprestado e azul" para segurar no dia, se for supersticiosa.

- Vá à festa de despedida de solteira (mas nunca na noite anterior ao casamento), se houver alguma.

- Marque depilação e pedicure para dois dias antes do casamento.

- Faça um tratamento completo de pele e cabelos, com tudo a que tem direito.

- Comece a pisar no freio, respirar e, na medida do possível, se desconectar – e nada de dormir com o celular ligado.

Dois dias antes do casamento

- Confiram juntos os detalhes da cerimônia e da festa, para que nada fique esquecido.

- Guardem em algum lugar da casa cada objeto que precisarão usar no dia do casamento.

- Mandem para o local da recepção o plano de mesa (se tiver) e as lembrancinhas.

Um dia antes do casamento

- Certifique-se de que você e seu noivo estão em sintonia com a cerimônia e não têm mais nenhuma dúvida.

- Confiram as alianças e deixem-nas à vista.

- Se forem para a lua de mel diretamente da recepção, providenciem para que a bagagem seja colocada no carro que fará o transporte. Ou deixe tudo separado e fácil de pegar na hora em que partirem.

- Peça a seu consultor ou a alguém para pegar seu vestido e véu e levá-los diretamente ao local onde você vai se trocar (caso a loja não faça esse serviço).

O dia!

- Tomem um bom café da manhã – algo bem reforçado, que irá deixá-los em pé o resto do dia, que tenha proteínas variadas e pão (para dar aquela energia!). Vocês deverão estar muito agitados para comer quando estiver se aproximando a hora.

- Dê a si mesma bastante tempo para ficar pronta. Aproveite o momento. Você deve ter o maquiador e o cabeleireiro à mão para fazer todo o serviço.

✂ Noivo, pegue as alianças! Não se esqueça das alianças! Será que as alianças estão com você? Não deixe as alianças para trás...

✂ Aproveitem o dia. Vocês planejaram tudo tão bem que agora merecem relaxar.

✂ E, claro, vivam felizes para sempre!

Quando me casei, em virtude do horário ser pela manhã, escolhi me casar sem véu. Ainda assim, caprichei no arranjo de cabeça: um delicado turbante desenhado pela talentosa Sabrina, da *Chapéus Sabrina*.

Guardei-o por dois anos embalado em papel de seda azul – certa de que, em algum momento, iria usá-lo novamente. A primeira ocasião para isso foi uma recepção no Jóquei Clube e me lembro de desembrulhar o arranjo com a memória ainda fresca das lembranças da cerimônia do meu casamento.

Uau! Apesar do cuidado e da seda azul, as delicadas flores, antes brancas, estavam totalmente pintadas de ferrugem pelo tempo guardado.

Moral da história: sonhar é preciso e, ao fazê-lo, entreguem-se por completo. Dormindo ou acordados, o sonho nunca se repete da mesma forma. E o amanhã ainda pertence ao futuro.

Este livro foi composto em ITC Serif Gothic
e Parisian e impresso pela Intergraf para
a Editora Planeta do Brasil em abril de 2015.